아이가 내 맘 같지 않아도
꾸짖지 않는 육아

아이가 내 맘 같지 않아도

꾸짖지 않는 육아

니콜라 슈미트 지음 | 장윤경 옮김

스트레스 제로 육아
21일 프로젝트

위즈덤하우스

프롤로그

새로운 육아의 길로 들어서기 전에

"화가 치솟으면 일단 열을 세어보세요."

아마 이런 조언을 셀 수 없이 들으셨을 겁니다. 숫자를 백 번, 천 번 세어봐도 소용없어 좌절한 순간은 더욱 많겠지요. 체벌을 반대하는 숱한 자녀교육서는 부모가 스스로를 통제하는 법을 배워야 한다고 강조합니다. 여기엔 '자기 통제력이 강한 부모라면 아이를 꾸짖지 않을 수 있다'라는 단순한 전제가 깔려 있죠. 이는 말처럼 쉬운 일이 아닙니다. 많은 부모가 저에게 찾아와, 이론적으로는 확실히 알겠지만 현실에 부딪히면 이내 통제를 잃게 된다고 하소연합니다. 꾸짖는 육아가 나쁘다는 건 알지만, 어떻게 화를 내지 않을 수 있냐고요.

그래서 저는 이 책에서 다른 길을 찾아볼까 합니다. 가장 앞서, 보다 근본적인 질문이 필요했습니다. 우리 부모들이 순간순간 통제를 잃을 만큼 심각한 스트레스에 빠지는 '진짜' 이유는 무엇일까요? 우리가 그토록 원하는 '현명하고 침착한 부모 되기'를 위한 필수 요소인 '내적 균형'을 구축하고 유지하려면 무엇이 필요할까요? 아이들에게 수치심이나 벌을 주지 않고도 스스로 규칙을 세우고 지키게 만들려면 무엇을 어떻게 해야 할까요? 그리고 무엇보다, 우리의 어깨를 매 순간 짓누르는 부담을 내려놓으려면 어떻게 해야 할까요? 정신적인 부담을 덜어내려면 '무엇을' 할 수 있는지보다 '어떻게' 할 수 있는지를 고민해야 합니다. 아이에게 호통을 치기 전에 우리 내면에서 무슨 일이 벌어지는지를 제대로 이해하고 나면, 아이와 부모가 같이 괴로워지는 어긋난 패턴을 바로잡을 수 있습니다.

꾸지람은 아무 소용이 없습니다

아이를 꾸짖지 말아야 하는 가장 단순하고도 중요한 이유는 단 하나, 아무 소용이 없기 때문입니다. 모든 연구 결과가 보여주듯 꾸짖고, 호통치고, 벌을 주는 교육은 제 기능을 못 합니다. 이런 교육은 아이가 금지된 일들을 못 하도록 막을 수가 없습니다. 아이에게 사회적 규칙을 가르치고 싶다면 출발점부터 달라야 합니다. 이 책에 그 구체적인 방법들을 자세히 담았습니다. 극심한 분노에 빠진 상태에서 자신이 지향하는 부모상을 상기하는 방법 또한 이야기합니다.

　이 책을 통해 당신은 아이들만큼이나 당신 자신을 세심하게 돌보게 될 것입니다. 단순히 힘을 얻고 경각심을 느끼는 데서 끝나는 책이 아닙니다. 저는 이 책이 '당신은 충분히 좋은 부모가 아닙니다'라고 지적하고 다그치는 무수한 자녀교육서 중 하나가 되는 것을 가장 경계했습니다. 아이에게 그렇듯, 우리에게도 '반드시 따라야만 한다'는 압박과 강요는 지속적인 변화를 일굴 힘이 없으며 오히려 해롭기 때문입니다. 이 책은 당신이 스스로를 예전보다 다정하게 대하고, 내면에 집중하며 온화하게 원하는 목표를 이루는 걸 돕기 위해 만들어졌습니다. 이해심을 갖고, 지성과 용기를 붙들고, 한 걸음 한 걸음 나아갈 수 있도록 북돋기 위해 쓰였습니다.

**강요가 아닌 자발적 협의,
체벌이 아닌 명료한 규칙**

강요와 처벌, 관리와 감독으로 이루어진 교육은 우리에게 이미 너무나 익숙합니다. 아마 이 책을 읽는 대부분의 부모가 그런 교육을 받고 자랐을 겁니다. 하지만 우리가 받은 권위적인 교육을 똑같이 물려준다면, 우리의 아이들은 앞으로의 시대에 쉽게 적응하지 못하는 성향으로 자랄 가능성이 높습니다. 이제 우리 사회는 유연하게 사고하고, 도전에 기꺼이 응하며, 타인과 눈높이를 맞춰 협력하는 사람을 필요로 합니다. 배려와 연대, 공동체 의식을 중요한 가치로 여기는 사람을 귀하게 여깁니다. 아이를 한 번 꾸짖지 않으면 아이의 세상은 한 뼘 더 커집니다.

천천히, 그러나 끈질기게 이 책이 권하는 연습을 지속하기 바랍니다. '21일 프로젝트'라고 이름 붙였지만, 모든 걸 기한 내에 이루려 한다면 빠르게 지치고 포기하고 싶어질지 모릅니다. 그래서 저는 일단 책에서 제안하는 연습을 한두 가지 선별해 먼저 시도해볼 것을 권합니다. 한 번의 변화가 시작되면 다른 변화는 차차 뒤따라올 것입니다.

당신이 왜 이 책을 읽어야 하는지 여전히 의문이라면, 제가 건넬 수 있는 답은 하나입니다. 이 책이 당신의 삶을 한층 가볍게 만들어줄 거라고, 그에 이어 당신 자신을 비롯해 아이와 더 깊고 친밀한 관계를 맺는, 지금까지와 완전히 다른 길을 발견하게 될 것이라고 말입니다. 아마도 그 길은 평생을 웃으며 지속적으로 걸어갈 수 있는 평탄하고 순조로운 길일 것입니다.

니콜라 슈미트

차례

프롤로그 　새로운 육아의 길로 들어서기 전에　5
셀프 테스트 　나의 육아 패턴 점검하기　12

PART 1 · Warming-up
사랑하는 아이에게 왜 자꾸 화가 날까

1. 스트레스: 정신줄을 붙들기엔 여유가 1도 없다
뇌는 알고 있다, 당신이 언제 폭발하는지　25
부모의 스트레스는 아이의 두뇌에 고스란히 새겨진다　33
　TIP　압박감에 잡아먹히기 전에 뇌를 속이자!　40

2. 수치심: 부끄러움은 종종 육아의 적이 된다
혼낼까, 말까 고민될 때 생각해볼 것들　45
"창피하게 왜 이래!" …누가 창피하다는 걸까　53
수치심 대신 책임감을 가르쳐야 한다　59
　TIP　완벽주의에서 벗어나기　65

3. 고립: 소가족은 부모들에게 너무나 가혹한 제도다
인간은 육아를 혼자 감당하게 만들어지지 않았다　73
우리 손으로 짐을 내려놓아야 한다　81
　TIP　자기 가치감 회복하기　92

PART 2 · Change-up
아이와 부모가 함께 행복해지는 21일 프로젝트

1. 목표 설정: 내가 원하는 일상 생생하게 그려보기
- **01 DAY** 도전에 집중할 환경 만들기 99
- **02 DAY** 우리 가족에게 맞는 목표 정하기 103
- **03 DAY** 이 일상의 틀을 깨면 얻게 되는 것 111

2. 감정 연습: 아이는 당신을 괴롭게 할 생각이 없다
- **04 DAY** 엄마의 평정심이 아이의 자존감을 지킨다 123
- **05 DAY** 기다리자, 강요로는 아무것도 바뀌지 않는다 129
- **06 DAY** 과잉 반응 하지 않기 138
- **07 DAY** 아이 마음 다치지 않게 거절하는 법 151
- **08 DAY** 의식적인 호흡 연습하기 157

3. 에너지 분배: 일상에서 정신적 부담 덜어내기
- **09 DAY** 아이와 '우리만의 루틴'을 공유하는 법 163
- **10 DAY** 훈계보다 하이파이브 174
- **11 DAY** 엄마다워야 한다는 강박 버리기 179
- **12 DAY** 아이의 협동심을 이끌어내는 말 191
- **13 DAY** 다정하게 설명하고 선택지를 주자 199

4. 긍정 육아: 함께 웃는 시간만큼 관계가 좋아진다

14 DAY 'Yes'로 가득한 환경 만들기 **207**
15 DAY 백 마디 잔소리보다 한 번의 놀이가 낫다 **215**
16 DAY 하루 동안 아이에게 모든 걸 결정할 권력을 주자 **232**
17 DAY 숨겨진 욕구를 읽으면 아이에게 필요한 놀이가 보인다 **236**

5. 문제 해결: 규칙은 단순하게, 지시는 분명하게

18 DAY 부모가 결정해야 하는 것과 아이가 결정해도 되는 것 **253**
19 DAY 경청하게 만들려면 어떻게 말해야 할까 **261**
20 DAY 믿고, 기다리고, 부드럽게 이해시키자 **273**

에필로그
21 DAY 충분히 만끽하고, 다음을 도모하자! **286**

셀프 테스트

나의 육아 패턴 점검하기

당신은 아이와 아이의 행동을 어떤 시선으로 바라보고 있나요? 무언가를 바꾸고 싶다면, 일단 그것의 현 상태를 정확히 직시해야 합니다. 당신이 어디에 서 있는지를 확실히 알면 도달하고자 하는 지점에 보다 빠르게 가닿을 테니까요.

이 테스트는 당신의 육아 가치관과 패턴을 파악하는 질문들로 구성되어 있습니다.

항목을 읽고 어느 정도 동의하는지 생각해보세요. '전혀 그렇지 않다(0)'부터 '전적으로 그렇다(10)' 중에서 해당되는 단계에 체크한 후, 체크한 숫자를 합산해보세요.

1. 나는 아이를 어떤 시선으로 바라보는가

아이들은 근본적으로 협동하기를 원하며,
사회적 규칙을 배울 준비가 충분히 되어 있다.
⓪ ① ② ③ ④ ⑤ ⑥ ⑦ ⑧ ⑨ ⑩

아이들은 집단의 한 구성원으로서
관계를 건설적으로 이끄는 법을 배울 수 있다.
⓪ ① ② ③ ④ ⑤ ⑥ ⑦ ⑧ ⑨ ⑩

아이들은 고유의 의견을 가질 권리가 있으며,
별개의 인격체로서 존중받고 공동의 결정을 내릴 자격이 있다.
⓪ ① ② ③ ④ ⑤ ⑥ ⑦ ⑧ ⑨ ⑩

2. 나는 아이와 어떤 관계를 맺고 있는가

나는 아이에게 따뜻함과 안정감을 준다.
⓪ ① ② ③ ④ ⑤ ⑥ ⑦ ⑧ ⑨ ⑩

나와 내 아이 사이에는 신뢰가 형성되어 있다.
⓪ ① ② ③ ④ ⑤ ⑥ ⑦ ⑧ ⑨ ⑩

아이가 힘들게 하는 상황에도 나는 아이에게 깊은 애정을 느낀다.
⓪ ① ② ③ ④ ⑤ ⑥ ⑦ ⑧ ⑨ ⑩

나는 아이가 자랑스러울 때 직접 말로 표현한다.
⓪ ① ② ③ ④ ⑤ ⑥ ⑦ ⑧ ⑨ ⑩

(평가)

0~21점: 당신은 다양한 양육 경험을 통해 나름의 확고한 교육 방식을 갖추고 있을 겁니다. 하지만 그 방식은 당신에게 상당한 긴장감을 부과했을 가능성이 높아 보입니다. 이 책을 통해 기존의 방식을 수정할 새로운 아이디어를 많이 발견할 수 있을 거예요.

22~49점: 부모의 역할은 한없이 고되지만, 당신은 지금 충분히 훌륭한 길을 가고 있습니다. 존중 어린 마음으로 아이를 대하며 단단하게 기르고자 노력하고 있을 테니까요. 스스로를 더 믿고, 아이에게도 더 많은 신뢰감을 갖기를 바랍니다.

50~70점: 어쩌면 당신은 이렇게 생각할지 모릅니다. '아이들은 뭐든 잘할 수 있어. 그런데 왜 자기가 어질러놓은 잡동사니들을 치우지 않은 거지? 부모가 부탁을 하는데도?' 그러나 걱정할 필요는 없습니다. 이는 너무나 당연한 일이니까요. 이 책을 통해 당신이 느끼는 수많은 갈등을 만족스럽게 풀어내는 방법을 찾을 수 있을 겁니다.

3. 나의 지도 방식은 어떠한가

아이가 규칙을 제대로 이해하고 금지 사항을 지키게 하려면 언성을 높여서라도 강하게 훈육할 필요가 있다.
⓪ ① ② ③ ④ ⑤ ⑥ ⑦ ⑧ ⑨ ⑩

아이들은 부모의 결정에 의문을 제기해서는 안 된다.
⓪ ① ② ③ ④ ⑤ ⑥ ⑦ ⑧ ⑨ ⑩

규칙이 한 번 세워지면 어길 수 없는 확고한 철칙이 되며 논쟁은 불가능하다.
⓪ ① ② ③ ④ ⑤ ⑥ ⑦ ⑧ ⑨ ⑩

부모는 자녀의 행동을 모두 너그럽게 넘겨서는 안 된다.
⓪ ① ② ③ ④ ⑤ ⑥ ⑦ ⑧ ⑨ ⑩

아이가 말을 듣지 않을 때 가장 확실한 수단은 체벌이다.
⓪ ① ② ③ ④ ⑤ ⑥ ⑦ ⑧ ⑨ ⑩

나는 내 아이에게 자립을 가르치려 노력한다.
⓪ ① ② ③ ④ ⑤ ⑥ ⑦ ⑧ ⑨ ⑩

아이들은 나이에 걸맞은 책임을 져야 한다.
⓪ ① ② ③ ④ ⑤ ⑥ ⑦ ⑧ ⑨ ⑩

결정은 부모가 내리며, 아이의 몫은 아니다.
⓪ ① ② ③ ④ ⑤ ⑥ ⑦ ⑧ ⑨ ⑩

평가

0~24점: 아이의 권리는 인정하면서도 책임은 적게 부여하는 방식을 고수하고 있지 않나요? 아이들은 기꺼이 자기 몫을 감당하려 하며 사회적 규칙을 배울 준비가 되어 있습니다. 아이에게 좀 더

많은 기회를 주면 어떨까요.

25~55점: 책임과 권리를 고루 부여하며 공정하고 명료하게 지도하는 스타일이네요. 이 책은 당신의 그러한 지도 방식을 격려하고 지지하는 다양한 제안을 담고 있습니다.

56~80점: 강요와 압박, 권위적인 지도가 언뜻 안정감을 주는 듯 보일 수 있습니다. 하지만 이는 거짓 안정감입니다. 상호 간에 좋은 감정을 공유하며 더불어 살 수 있는 길은 얼마든지 많습니다.

4. 우리 가족은 현재 어떤 상태인가

최근 부정적인 감정을 드러내지 않고 억누른 순간이 자주 있었다.
⓪ ① ② ③ ④ ⑤ ⑥ ⑦ ⑧ ⑨ ⑩

나는 내 가족 문화와 분위기에 전반적으로 만족한다.
⓪ ① ② ③ ④ ⑤ ⑥ ⑦ ⑧ ⑨ ⑩

나는 집 안에서 벌어지는 갈등을 해결하는 데 노련한 편이다.
⓪ ① ② ③ ④ ⑤ ⑥ ⑦ ⑧ ⑨ ⑩

(평가)

0~12점: 지금 당신이 얼마나 많은 스트레스를 받고 있는지 깊이 생각해보세요. 가족의 분위기를 개선하고 싶다면 어깨에 짊어진 부담감을 내려놓는 것이 가장 시급합니다. 이 책에 마음의 부담감을 덜고 가족의 분위기를 바꾸는 다양한 방법이 제시되어 있으니 적극 활용해보기 바랍니다.

13~24점: 지극히 보편적인 수준입니다. 모든 부모는 자신의 육아 방식이 늘 어딘가 부족하다고 느끼고, 더 나은 상황을 기대합니다. 이 책을 반쯤 읽고 이 페이지로 돌아와 같은 질문에 답해보세요. 점수가 달라져 있을 테니까요.

25~30점: 훌륭합니다! 기본적으로 좋은 감정을 유지하면서 동시에 가족들과 함께 여러 난관을 꾸준히 극복해나가고 계시네요.

내가 원하는 일상 기록하기

이 페이지에 당신의 현재 상황과 원하는 바를 간략하게 적어보세요. 지금 어떤 상태이며 앞으로 어떻게 되기를 바라는지 기록해두고, 책을 읽는 틈틈이 다시 이 장으로 돌아와 스스로를 돌아보기 바랍니다.

먼저 다음 질문에 짧게 답해보세요.

- 당신이 이 책을 구입하게 된 가장 큰 동기는 무엇인가요?

_____

_____

- 자녀와 관련하여 주로 어떤 문제에 신경을 쏟고 있나요?

_____

_____

• 부모로서 당신의 가장 큰 장점은 무엇인가요?

_____

_____

• 누군가 당신의 일상을 비밀스레 관찰한다면, 당신의 어떤 점에 감탄할 것 같은가요? 일상 속에서 당신이 정말 잘하는 것은 무엇인가요?

_____

_____

• 당신의 아이는 당신을 어떻게 바라보고 있나요? 당신의 자녀가 생각하는, 당신만의 긍정적인 면은 무엇이라 생각하나요?

_____

_____

　　자녀가 여러 명이라면 각각의 질문에 아이마다 따로 답을 적어보세요. 여기에 더해 각 질문마다 구체적인 일상의 예를 하나씩 들어봅니다.

예) 아이는 나를 따뜻하고 사랑이 넘치는 엄마로 여긴다. 나는 아이가 학교에서 돌아올 때마다 늘 두 팔 벌려 끌어안으며, 온몸으로 아이를 감싸고 입을 맞춘다.

_____

_____

_____

_____

_____

자녀의 동반자이자 안내자로서 당신은 어떤 사람이 되고 싶나요? 가족의 평화로운 공동생활을 위해 당신이 갖추고 싶은 '최선의 나'는 어떤 모습인가요? 언젠가 모든 것이 제대로 준비되었을 때 스스로 어떤 모습을 갖추고 싶은지, 아이들에게 어떤 느낌을 주고 싶은지, 일상이 어떻게 흘러가기를 바라는지, 그리고 당신과 아이들이 서로 어떤 감정을 주고받기를 원하는지 등을 세세하게 그려본 다음 이 책을 읽어주세요.

PART 1
Warming-up

사랑하는 아이에게 왜 자꾸 화가 날까

1

스트레스
정신줄을 붙들기엔 여유가 1도 없다

모든 일은 전혀 예상하지 못한 순간에 벌어진다. 다 같이 기분 좋게 마트 안을 돌아다니다가도 아이가 갑자기 실랑이를 시작하면 몇 초도 되지 않아 격렬한 전쟁의 한가운데에 놓인다. 그저 오늘은 초코 과자를 한 상자만 사야 한다는 사실 하나로 말이다.

아침 식탁에서 아이가 유리컵을 떨어뜨리면, 컵이 멀쩡해도 부모의 멘탈이 대신 부서진다. 어떻게 그럴 수 있을까? 사무실이나 회의실에서는 무한한 인내심을 발휘했던 이성적인 성인들이, 자기 아이에게는 왜 단 몇 초 만에 화가 머리끝까지 치솟는 걸까? 고작 1미터 남짓인 세 살짜리 아이의 '버릇없는' 질문에 한두 마디 대답을 하다가, 평화로운 장보기 모드에서 순식간에 폭발 직전의 모드로 전환될 수 있는 걸까? 왜 이런 상태를 스스로 제어하지 못하는 걸까? 비밀은 우리의 뇌 속에 있다.

뇌는 알고 있다,
당신이 언제 폭발하는지

분노나 스트레스가 만연한 상태에서 말하고 행동하면 결국 나중에 후회하게 된다는 걸 모르는 성인은 없다. 평소라면 절대 하지 않을 언행을 심지어 다른 누군가가 옆에서 들었다고 생각하면, 우리는 종종 후회를 넘어 수치심과 불쾌감을 느끼기도 한다. 결국 이런 식의 훈계를 계속하는 건 다른 무엇보다 효과적인 방식이라고 스스로 인정하는 셈이 된다. 설령 그게 효과를 발휘한 듯 보인다 해도, 한두 번쯤 스스로에게 물어볼 필요가 있다.

» 이 훈계가 정말 불가피했나
» 주변 모두에게 들릴 만큼 큰 소리 칠 일이었나
» 아이를 울리는 것 외에 실질적인 효과가 있었나

여기서 생각해볼 사실이 하나 있다. 똑같은 상황이 다음 날 아침에 벌어지면 완전히 상반되게 평온한 반응을 보이기도 한다는 것이다. 왜일까? 뇌과학에서 그 이유를 찾을 수 있다.

아이가 유리컵을 떨어뜨렸을 때 두뇌에서 벌어지는 일

우리 자신에 대해 더 잘 알기 위해, 두뇌로 떠나는 여행을 시도해보려 한다.

고요하고 한가로운 일요일 아침, 당신은 가족들과 아침 식사 자리에 앉아 있다. 모두 충분히 잠을 잤고 긴장이 풀려 여유로운 상태다. 아이는 식탁에 앉아 스마트폰으로 만화를 보고 있다. 눈은 스마트폰에 고정한 채 손으로 식탁 위를 탕탕 내려치려다가 실수로 자기 앞에 놓인 유리컵을 건드려 쓰러뜨리고 만다. 당신의 눈은 모든 움직임을 훑으며 유리컵이 넘어지는 모습을 본다.

당신이 반응을 하기 전에, 당신의 머릿속은 매우 복잡한 과정을 거친다. 먼저 눈은 식탁 위의 움직임에 관한 정보를 두뇌의 뒷부분에 위치한 감각계로 보낸다. 감각계는 이미지 정보를 처리하여 두뇌의 주요 사고 기관인 전전두 피질에 전달한다. 여기서는 그냥 단순하게, 이성적 판단을 담당하는 기관이라고 부르자. 전전두 피질은 지금 우리가 무엇을 해야 하는지 결정하는 일을 맡는다. "내가 방금 여기에서 유리컵이 떨어지는 움직임을 이미지로 담았거든. 이걸 어떻게 평가해야 하지? 어떤 반응을 보여야 하는 거야?"라고 먼저 감각계가 '문의'를 넣는다. 그러면 이성은 시각적 이미지를 분석하면서, 유리컵이 아직 비어 있고 아무것도 깨지거나 망가지지 않았으며 아이가 다치지 않았음을 확인한다. 그리하여 이 상황을 '위험하지 않은' 것으로 평가한다. 이어서 이 평가는 두뇌의 여러 통제 센터로 보내지며, 마찬가지로 운동계로도 전달된다.

이때쯤 당신은 긴장감 없이 편안하게 팔 하나를 앞으로 뻗어, 컵을 다시 주워 세우면서 이렇게 말할지 모른다.

"조심해야지. 핸드폰 끄고 밥만 먹자!"

이는 두뇌에서 정보가 '보통'의 수준으로 흐를 때 나타나는 일반적인 반응이다. 우리는 무언가를 보고 평가한 다음 이에 따라 반응한다. 여기서 중요한 건 '분석'과 '평가'다.

> 보통의 일상에서 우리는
> 충동적이거나 감정적으로 반응하지 않으며,
> 전광석화처럼 빠르게 진행되는 사고 과정에 따라
> 그 순간에 필요한 현명한 행동을 하는 편이다.

이런 시스템의 장점은 명료하다. 아주 강하고 현명한 이성이 항상 우리와 더불어 결정을 내려준다는 것이다. 주말 아침의 식사 자리든, 평일 오후의 일터든 어떤 환경에서나 상관없이 이 시스템이 작동한다. 혹여 회사에서 갈등을 겪으며 감정이 동요하더라도 나중에 침착하게 얘기할 기회가 있으리라 짐작되면 동요하는 감정을 충분히 제어할 수 있다. 호의적인 태도를 계속 견지하며 조언을 건네면 상대방이 훨씬 나은 반응을 보인다는 걸 알고 있기 때문이다. 친한 친구에게 "그 개념 없는 팀장 놈, 언제 한번 한 방 먹여야 할 텐데 말야"라고 말할지라도 실제로 행동에 옮기지는 않는다. 대신 조용히 논의할 수 있는 적절한 순간을 기다린다.

안타깝게도 이 시스템은 단점도 있다. '상대적'으로 느리다는 것이다. 숲속을 산책하고 있는데 머리 위에서 나뭇가지가 부러지는 소리가 들린다면, 우리는 감각계의 정보(머리 위로 나무가 쪼개지는 소리)를 평가하고 분석할 시간이 없다.

'지금 이거 위험한 상황인 건가? 나뭇가지는 어디에 있지? 얼마나 크지? 옆으로 비켜설 필요가 있나? 그만큼의 에너지를 쓸 만한 일일까?'

지난 수천 년간 이렇게 생각하며 행동한 사람은 분명 오래 살아남지 못했을 것이다. 이런 상황엔 길게 생각할 것 없이 빠르게 비켜서는 게 현명하다. 그래서 인간의 두뇌는 위험한 상황을 근본적으로 중요시 여기도록 진화되었다. 이는 오늘날 우리에게 '치명적인 지름길'이 되었다. 뭔가 위험한 것이 들리거나 보이면 두뇌의 전전두 피질이 이를 다루는데, 이성을 거치는 우회로는 너무 오래 걸리기 때문에 감각계는 수집한 정보를 전전두 피질로 보내는 대신 즉시 운동계로 전달한다. 그러면 우리는 곧바로 반응하며 옆으로 피해 뛰쳐나가게 된다. 이러한 반응을 '투쟁-도피 반응'이라 부른다.

대자연은 아무 잘못이 없다. 그저 인간이 안전하게 살 수 있도록 위험에 빠르게 대처하는 능력을 발달시켰을 뿐이다. 문제는 이러한 시스템 속에서 우리가 일상에서 일어나는 수많은 자극을 필요 이상의 위험으로 받아들인다는 것이다. 그리하여 극심한 스트레스 상태에서 '지각과 이성 없이' 행동하며 그야말로 '정신줄을 놓아버린다'. 위험 상황이니 이성과 판단력이 전혀 작동하지 않는 것이다. 이때 우리는 전혀 다른 사람이 되고 만다.

편도체가 운전대를 잡을 때

우리가 스트레스에 빠지고 이성이 더 이상 작동하지 않을 때, 우리 뇌에서는 편도체가 운전대를 잡는다. 스트레스 반응은 '편도체'라 불리는 아몬드 모양의 뇌 영역에서 주로 시작된다. 이

부위가 '달아오르면' 감각계는 곧바로 위험을 보고한다. 그러면 편도체는 이성과 무관하게 완전히 독립적으로, 주어진 의무에 충실하며 아주 노련하게 다음과 같은 임무를 처리한다.

>> 교감 신경계를 활성화한다. 즉 스트레스 및 위급 상황에서 응급 기능을 담당하는 시스템을 가동시킨다.
>> 심장 박동을 가속화한다. 심장이 급속도로 뛰게 함으로써 도망치거나 싸우기 위해 근육이 충분한 산소를 얻도록 만드는 것이다.
>> 전속 질주가 가능하도록 호흡을 얕고 빠르게 조절한다.
>> 혈압을 높여 부상 상황과 동일하게 혈액 응고 인자와 산소가 나오게 한다.
>> 부신 피질을 활성화시켜 아드레날린, 노르아드레날린, 코르티솔 등의 호르몬을 깨운다. 조금 전까지 한가롭게 산책을 했더라도 상관없이 말이다.
>> 면역 체계 및 소화 활동을 억제하여 신체에서 더 이상 에너지가 빠져나가지 않도록 한다.
>> 기억 저장 장치인 해마를 멈춰 세운다. 사람들이 누군가와 크게 싸우고 나서 무엇 때문에 싸웠는지조차 종종 모르는 이유가 여기에 있다.
>> 공감 능력을 떨어뜨린다. 살아남으려면 몽둥이로 맹수의 머리를 내리쳐야 하는 상황에서 맹수가 아프지는 않을지, 그에게 작

고 귀여운 새끼가 있는 건 아닌지 등의 질문을 던져서는 곤란하기 때문이다.

» 행복 호르몬의 생산을 제한한다. 끝내 우리는 싸우거나 도망쳐야 하며, 황홀하게 달이나 바라보아서는 안 된다.

편도체는 굉장히 빠르게 작동하며 두뇌에 위급 신호가 도달하자마자 순식간에 반응한다. 호르몬 수치도 상승시키기 때문에 우리는 아드레날린이 솟구치는 걸 바로 느낄 수 있다. 그런데 반응 속도가 빠른 만큼 다시 잠잠해지는 속도도 빠르다. 더이상의 스트레스 자극이 유입되지 않으면 약 10초 뒤에 달궈지는 걸 멈춘다. 이때 호르몬 수치가 다시 원래 상태로 떨어지기까지는 약 10분 정도가 걸린다. 편도체 반응으로 급히 옆으로 달아난 덕에 우리는 위험을 면하게 되고, 두뇌는 몇 초 만에 다시 안정을 되찾으며 10분 뒤에는 몸 전체가 '정상 모드'로 돌아오게 된다.

밤중에 주방에 서 있는데 불현듯 시야에 그림자가 잡히면 우리는 순간 놀라게 된다. 하지만 그 그림자가 화장실을 가려고 나온 아이라는 걸 알고 나면 이내 안심하고 긴장을 내려놓을 것이다. 안심하며 아이의 볼에 입을 맞출 수도 있다. 이는 지극히 일상적인 반응이다. 그런데 만약 만성 스트레스에 빠져 있다면? 순간적으로 놀란 스트레스를 고스란히 아이에게 풀지도 모른다. 자기도 모르게 짜증을 낸다거나, '그렇게 왜 잘 밤에 물을 그렇게 마시냐'며 핀잔을 준다거나 하면서 말이다. 이 모든 반응의 차이는 우리 뇌에 입력된 스트레스에 달렸다.

부모의 스트레스는
아이의 두뇌에 고스란히 새겨진다

우리 몸의 스트레스 시스템은 정교하게 짜여 있다. 학자들에 의하면 우리 조상들은 생의 대부분을 부교감 신경 모드로 보냈다고 한다. 다시 말해 긴장이 이완된 상태로 깨어 있으면서 모든 정보를 침착하게 이성적으로 점검할 수 있었다는 것이다. 오래전 선조들은 오직 위험한 순간에만 잠시 '교감 신경계', 즉 스트레스 시스템으로 전환하여 투쟁이나 도망 혹은 사냥을 위해 비축된 에너지를 사용했다. 그리고 이때 생겨난 스트레스 호르몬은 싸움이나 도주 또는 사냥을 하는 도중이나 그 직후에 곧바로 떨어졌다. 이는 오늘날 우리의 일상에서도 종종 볼 수 있다. 예를 들어 버스를 따라잡으려고 단거리를 전속력으로 달리고 나면, 급속히 치솟았던 스트레스 호르몬들은 다시 빠르게 그리고 효과적으로 제자리를 찾는다. 우리 몸의 스트레스 시스템은 원래 이런 의도로 만들어졌다.

    그에 비해 현대인들은 끊임없이 스트레스 상황에 놓인다. 다음과 같은 상황을 한번 상상해보자.

    유치원 문 닫을 시간이 코앞인 지금, 당신은 꽉 막힌 도로 위에 있다. 당신의 아이는 유치원에 혼자 남아 있고, 곧 마주하게 될 선생님들의 실망한 얼굴이 눈에 선하다. 당신의 몸은 급격하게 스트레스 반응을 보이기 시작한다. 심장 박동과 호르몬 수치가 올라가고, 소화 기능은 약해지며, 전전두 피질은 비활성화된다. 이런 상황에서 당신은 다른 차 앞을 급히 끼어들거나 운전을 하며 욕을 퍼부을 수도 있다. 도로 위의 자전거를 간과하거나 심지어 잘못된 방향으로 달릴 수도 있다. 스트레스 반응으로 당신의 이성이 더 이상 제대로 작동하지 않기 때문에, 이런 반응은 얼마든지 가능하다.

    가까스로 유치원에 도착해 아이를 만나지만 그럼에도 스트레스는 사라지지 않고 여전히 당신 속에 남아 있다. 여기서 만약 아이가 칭얼거리며 울거나 차가 출발하자마자 들고 있던 음료수를 뒷좌석에 쏟는다면, 당신은 그야말로 스트레스에 '찌든' 반응을 보이게 될지 모른다. 그러면서 평소에는 전혀 하지 않을 행동이나 말을 하게 될 것이다.

    신체가 계속해서 스트레스 반응에 사로잡혀 있으면 명료한 사고가 불가능하다. 이런 상태에서 더 이상의 자극과 움직임이 없으면, 일정 시간 뒤에 다시 원래의 상태로 돌아온다. 하지만 부모들에게 스트레스 자극이 지속적으로 없기란 불가능하다. 그렇게 서서히 만성 스트레스가 쌓이게 된다.

만성 스트레스와 그로 인한 결과들

만성 스트레스가 심하면 거의 모든 일상이 스트레스가 된다. 아이가 아침에 옷을 혼자서 입지 못하는 것도, 직장 동료가 까다롭게 구는 것도, 출퇴근길 도로 정체가 심한 것도 모두. 마침내 아이가 잠자리에 들 때까지 우리의 편도체는 몇 시간 동안 줄곧 달아올라 있으며 심장은 미친 듯이 격렬하게 두근거린다. 하루의 끝에는 완전히 '타버린' 기분을 느끼며, 소파에 누워서도 긴장을 완전히 풀지 못한다.

사실 인간의 두뇌는 이러한 만성 스트레스에 익숙하지 않다. 수풀 뒤에서 호랑이가 튀어나올지도 모른다고 생각하면 명료한 사고 자체가 불가능하며 어떻게 그 상황에서 벗어나야 하는지 판단하기도 어렵다. 만성 스트레스에 휩싸인 뇌가 이와 비슷하다. 계속해서 바닥까지 소진한 끝에도 '전원을 끄지' 못하는 것이다.

안타깝게도 지속적인 스트레스는 다시금 더 많은 스트레스를 불러일으킨다. 스트레스로 인한 과도한 심리적 부담은 시간이 지속될수록 우리 뇌의 일부를 본격적으로 '망가지게' 한다. 자동차 엔진이 분당 회전수RPM가 높은 구간으로만 끊임없이 달린다고 생각해보자. 부모들도 이와 크게 다르지 않다.

만성 스트레스는 우리 뇌를 손상시키며 자신과의 관계, 배우자와의 관계 그리고 아이들과의 관계에 해를 입힌다. 다음에 이어지는, 스트레스로 야기되는 생각들 중 몇몇은 이미 당신에게 익숙한 혼잣말일지 모른다.

>> '더 이상 생각할 수 없어'

스트레스가 심할수록 이성을 담당하는 전전두 피질은 보다 빈번하게 작동을 멈춘다. 전전두 피질이 둔화되면 분석하고 사고하고 계획하는 일은 점점 더 어려워진다.

>> '아이들은 구제 불능이야'

이성이 위기 상황으로 '프로그래밍' 된 상태이기에, 우리는 마치 냉철한 관찰자처럼 아이들을 무심코 부정적으로 바라보며 수많은 좋은 행동을 무시하고 지나치게 된다.

>> '망할 핸드폰이 어디 간 거야'

스트레스는 기억 및 사고를 저장하는 기능을 떨어뜨리며 단기 기억의 저장을 제한한다. 그로 인해 우리는 종종 방금 왜 주방에 왔는지 떠올리지 못하고, 병원 예약 일정을 잊거나 자동차 열쇠를 찾지 못한다. 그리고 이는 또 하나의 스트레스 요인이 된다.

>> '언제까지 이렇게 살아야 할까'

과도한 자극으로 편도체가 과잉 활동을 하면서, 순간순간 찾아오는 '행복을 느낄 기회'를 놓치게 된다. 분노와 근심을 바탕으로 평가를 내리고, 긍정적인 미래를 꿈꾸고 상상하기는 더더욱 어려워진다.

>> "그런 행동 하지 말랬지!"

스트레스 속에서 우리 몸의 시스템은 공감 기능을 지속적으로 둔화시킨다. 그럼 아이에게 감정 이입을 하고 아이의 입장이 되어 이해하기는 더욱 어려워진다. 동시에 아이가 해내기 힘든 것을 요구하게 된다.

>> '소용없어, 완전히 망했어'

지속적으로 활동이 둔화된 전전두 피질은 목표나 계획을 설정하는 데 어려움을 느끼며, 긍정적인 감정들을 쉽게 끄집어내지 못한다. 그리하여 지금 처한 상황에서 출구가 없다고 느낀다. 만성 스트레스가 장기간 이어지면 우리는 커다란 문제에 직면한다. 즉

시간이 갈수록 몸의 스트레스 반응을 완전히 끄기가 점점 더 힘들어지는 것이다. 최악의 경우 호르몬 체계가 영구적으로 손상되어 번아웃과 우울증에 이를 수 있다.

스트레스가 자녀 교육에 미치는 영향

이미 오래전부터 우리는 스트레스가 육아에 미치는 영향을 대략적으로 알고 있었다. 스트레스를 차단하면 건강한 교육을 할 수 있다는 사실도 말이다. 학자들의 연구는 이를 뒷받침해준다. 연구에 의하면 스트레스를 받은 부모는 두드러지게 부정적인 교육 태도를 보인다고 한다. 결정적으로 스트레스 상황에서 우리는 부모로서 스스로의 역량을 다하지 못하게 된다. 우리가 바라는 이상적인 부모가 될 수 없는 것이다.

그렇다면 일상에서 부모들이 끊임없이 스트레스를 받으면 무슨 일이 벌어질까? 학자들은 이를 알아내기 위해, 만성 스트레스가 부모의 두뇌에 어떤 작용을 하며 결과적으로 아이들을 대하는 태도에 어떤 영향을 미치는지 모든 인과 과정을 자세히 들여다보았다. 연구 결과는 어땠을까? 이런 부모들 품에서 자란 자녀들 중에, 안정적이고 강인하며 스트레스 저항력이 높은 아이들이 있었을까? 보다 많이 요구하고 강요하는 교육을 받은 덕에, 부모의 말을 더욱 잘 듣고 따르게 되었을까? 결론부터 말하면 정반대였다.

스트레스에 휩싸인 부모의 부정적인 교육 태도는 문제 행동을 반복하는 아이로 키워낼 위험성이 현저히 높다. 강요와 훈계를 동반한 엄격한 교육은 제 역할을 다하는 고분고분한 아이로 길러내지 못한다.

> 스트레스에 빠진 부모는
> 자녀가 전혀 해낼 수 없는 것들을 요구한다.
> 그런데 아이들은 하기 싫어서가 아니라,
> 그저 어리기 때문에 하지 못할 뿐이다.

우리는 여섯 달 된 아기가 밤새 깨지 않고 깊이 자기를 바라며, 두 살짜리가 혼자서 신발을 잘 신기를 원한다. 세 살짜리가 형제와 싸우지 않고 사이 좋게 지내기를, 다섯 살짜리가 식사 시간이 끝날 때까지 얌전하게 기다리기를 바란다. 또 아홉 살짜리가 자기 숙제를 불평 없이 해내기를 원한다. 그뿐만이 아니다. 서둘러 외출해야 할 때면 이들이 재깍재깍 알아서 옷을 입기를 바란다. 우리가 업무용 이메일을 쓰고 있을 때에는 조용히 있어야 하고, 식탁 위에 음식이 올라오기 전에 군것질을 해서는 안 되며, 손님이 오면 예의 바르게 행동해야 한다.

이 모든 요구는 아이들에게 다시금 스트레스를 가한다. 그리고 스트레스에 놓인 아이들은 문제 행동을 하기 시작한다. 울거나 소리치고, 싸우거나 실수를 저지른다. 뭔가를 잊어버리거나 또는 아주 조용하게, '제3의 모드'로 들어가기도 한다. 얼음처럼 굳어 겉으로는 잠잠한 상태이지만 내면에서는 무언가 '일이 벌어진다'. 아이들의 조그마한 몸에서 일어나는 스트레스 반응은 눈에 보이지 않지만 계속해서 진행된다.

> 우리가 스스로에게 끊임없이 스트레스를 허락하면,
> 우리 안에 자리한 만큼의 스트레스가
> 아이들의 작디작은 두뇌에도 그대로 새겨지게 된다.

TIP 압박감에 잡아먹히기 전에 뇌를 속이자!

모든 사람이 매번 급속도로 스트레스에 가속이 붙는 건 아니다. 부모들 중에서도 유독 다른 사람들보다 빠르게 통제를 잃고 급격하게 화를 내는 이들이 있다. 여기에는 다양한 원인이 있다. 이를테면 생활환경이나 개인적인 부담 그리고 고유의 기질 때문일 수 있다. 몇몇 연구에 의하면 전 인간의 약 30퍼센트는 불행한 환경에 처해 있으면서도 심각한 스트레스 반응을 보이지 않는다고 한다. 그러니 자신의 욱하는 감정에 죄책감을 느끼기 전에, 그 원인이 되는 세 가지 요소를 주의 깊게 살펴볼 필요가 있다. 이 요소들을 정확히 파악하고 받아들이고 나면, 스트레스 공격을 받기 전에 먼저 선수 쳐서 '뇌를 속이는' 연습을 시도할 수 있다.

1. 스트레스 시스템은 태어난 첫해에 형성된다

사람들이 스트레스에 반응하는 방식은 생애 초기 각인된 시스템에 바탕을 두고 조금씩 변화한다. 애초에는 아주 이로운 시스템이었다. 꼬마 호모 사피엔스가 수많은 맹수가 있는 지역에서 성장할 때는 포식자가 적은 지역에서 머물 때보다 한층 조심스럽고 더욱 신속하게 행동하도록 만들어야 하니까. 하지만 오늘날 우리는 그때와 달리 지극히 '안전한' 세상에 살고 있다. 그럼에도 많은 사람이 매우 엄격한 교육을 받으며 무엇에든 민감하게 반응하는 스트레스 시스템을 일찍이 형성한다. 어린 시절 그 시스템이 위험에 극단적으로 반응하도록 형성되었다면 현재도 쉽사리 압박감에 시달릴 수밖에 없다. 스스로 원하든 원하지 않든 상관없이 말이다.

2. 선천적인 영향도 적지 않다

몇 가지 동물 실험에서, 인간의 스트레스 시스템이 결정되는 데는 유전적인 영향도 크다는 것이 발견됐다. 어미 쥐가 심한 스트레스에 노출되면 어미의 새끼들은 같은 스트레스를 전혀 경험하지 않았음에도 자극에 격렬한 반응을 보이는 것으로 나타났다. 우리의 부모나 조부모들이 극심한 스트레스에 내몰린 경우(예컨대 전쟁, 기근, 탈출 또는 추방 등을 겪었다면) 우리 또한 자극에 강렬한 반응을 드러낼 수 있다.

3. 변화는 우리 손에 달렸다

우리의 반응을 결정하는 스트레스 시스템은 이처럼 당신이 생각하는 것보다 훨씬 이전에 결정됐다. 그러므로 자주 과민해지고, 발끈하고, 욱하는 것에 대하여 그렇게 자책할 필요가 없다. 또 억지로 참을 필요도 없다. 자주 욱하게 만드는 시스템을 변화시키는 열쇠가 바로 우리 손에 달려 있기 때문이다. 가령 내면에 집중하는 마음 챙김 명상으로 당신이 받은 유전의 계획을 변화시키는 것이 얼마든지 가능하다(자세한 내용은 파트 2에서 소개하겠다). 우선 지금 단계에서는 '변화할 수 있다'는 용기와 믿음을 갖는 것으로 충분하다.

Key Point

- 스트레스는 위험한 상황에 대비하기 위한 건강한 반응이다. 다만 모든 게 빠르게 돌아가는 현대에 이르면서 안타깝게도 우리는 만성적인 스트레스에 시달리고 있다. 우리의 두뇌가 '사방에 위험 요소가 널려 있다'고 인식하기 때문이다.
- 만성 스트레스에 시달리면 자녀 교육은 더욱 어려워진다. 공감, 인내, 계획, 집중, 관용 등 교육적으로 중요한 능력을 스스로 차단하기 때문이다.
- 스트레스를 받았을 때 우리 뇌가 반응하는 방식은 달리 손을 쓸 수가 없다. 유년 시절에, 더 거슬러 올라가 우리의 선조로부터 이미 결정됐기 때문이다.
- 우리가 할 수 있는 건 스트레스 저항력을 높이는 일뿐이다. 일상 속에서 간단한 훈련을 되풀이하는 것만으로 그 연습을 할 수 있다.

수치심
부끄러움은 종종 육아의 적이 된다

큰아이는 학교에서 치고받고 싸운다. 작은아이는 마트에서 고래고래 소리를 지른다. 형제자매는 서로 머리채를 잡는다. 아이들의 이런 행동은 수시로 우리 뇌에 큰 부담을 안기고, 바로 이 순간에 우리는 적절한 훈계가 필요하다고 생각한다. 그런데 막상 아이를 혼내고 나면 오히려 더 불쾌한 감정에 사로잡힌다.

가혹한 언어를 통한 훈육이 얼마나 나쁜지 의식적으로 혹은 무의식적으로 우리는 이미 알고 있다. 게다가 아이를 엄하게 꾸짖으면 일단 우리 기분이 나쁘다. 고성을 내지를 때 스스로 불쾌감을 느끼며, 아이들이 절망적으로 우는 모습을 보면서 죄책감이 든다. 이런 광경을 누군가 보기라도 하면 유독 더 괴로워하는 사람이 적지 않다. 이런 부모들은 옆에 누가 있으면 오히려 더 확실하게 '제압'하려고 하거나 훨씬 더 가혹하게 군다. 다른 누군가가 자신을 '아이 하나 제대로 못 다루는 부모'로 보는 게 두렵기 때문이다. 부모들은 종종 수치심 때문에 아이를 나무라고, 자신의 수치심을 아이 뇌에 새긴다.

혼낼까, 말까 고민될 때
생각해볼 것들

아이를 질책하는 행위는 확실한 장점이 하나 있다. 격렬하게 꾸짖으면 그 즉시 상황이 종결된다는 것이다. 그러나 그 외의 결과는 모두 최악이다.

우선, 꾸짖는 행위는 우리에게 지극히 일시적인 안도감만을 준다. 아이들의 싸움, 부정적인 행동이 어른들의 심한 질책으로 완전히 교정되는 것은 아니다. 거기에 더해 우리는 '벌을 내리겠다'는 불안감을 조장하는 식으로 아이들을 교육하는 경향이 있다. 자신보다 작은 인간을 엄하게 문책하고 벌주는 법을 아이들에게 가르치며 '강자의 법칙'을 공고화한다. 부모가 아주 큰 목소리로 격하게, 아이의 감정이 상할 정도로 야단을 치면 마치 아이의 몸에 물리적 체벌을 가한 것과 동일한 결과를 낳게 된다.

내 감정을 먼저 알아야 한다

혼자 있거나 또는 누군가 보고 있을 때, 우리는 아이를 얼마나 혼내야 하는지 고민한다. 누가 보고 있으니 더 엄하게 가르쳐야 하는지, 아니면 덜 꾸짖어야 하는지. 각기 다르게 반응을 할 때마다 어딘가 불편한 마음이 든다. 이건 아닌데 싶다. 그럼에도 야단치는 일을 그만두지 않는다. 야단을 치고 나면 불쾌한 감정만 남는데 말이다.

중요한 것은 우리의 감정을 아는 일이다. 감정은 정확하고 또 중요하다.

'내가 그때 저지른 일 때문에 정말 괴로워.'

이는 굉장히 건강한 감정이다. 이런 감정은 우리가 일종의 규범을 반했음을 스스로 알고 있다는 걸 보여준다. 즉, 나이가 얼마든 어린아이이자 피보호자이며 우리보다 약한 인간을 그런 식으로 질책해서는 안 된다는 사실을 스스로 느끼고 있다는 뜻이다. 지금 우리가 용기를 가지고, 아이를 꾸짖으려는 이 충동이 어디에서 왔는지 자세히 들여다본다면 우리는 전혀 새로운 길을 선택할 수도 있다. 우선 우리 내면에서 대체 무슨 일이 벌어지는지 알아야 한다.

우리 모두는 괴로움이나 불쾌함 같은 감정을

현명하게 활용하는 법을 배울 수 있다.
이런 감정들은 우리가 나아갈 방향을 알려주는
중요한 안내 표지다.

아이들이 이른바 '못된' 행동을 할 때 그들을 '꾸짖어야 한다'면, 여기에 담긴 의미가 무엇인지 한번 살펴보도록 하자.

아이들이 '못된' 행동을 한다는 건 무슨 뜻일까? 가정이나 사회 집단에서 '괜찮지 않다' 여겨지는 일을 할 때, 일반적으로 사람들은 못되고, 나쁘고, 버릇없는 행동이라고 본다. 사회학적으로 말하면, 사회적으로 수용되지 않는 행동을 드러내는 것이다.

여기서 부모들이 먼저 확실히 해두어야 할 것이 있는데, 사회적으로 수용되는 행동은 나라와 문화 그리고 사는 지역이나 가정마다 전연 다르다는 사실이다. 물론 근본적인 규칙은 전 세계적으로 비슷하다. 가령 '살인하지 말라', '도둑질하지 말라', '거짓말하지 말라', '어른을 공경하라' 등의 규칙들이다.

하지만 일상에서 아이가 지켜야 할 규칙은 이보다 훨씬 많다. '식사 전에 과자를 먹어선 안 돼', '밥 먹을 땐 숟가락과 젓가락을 사용해야 해', '마트에서는 술래잡기 놀이를 하면 안 돼'. 어떤 규칙이 얼마나 중요한지는 문화마다 크게 차이가 있다. 어떤 부모는 저녁 식사 자리에서 시끄러운 말이 오가는 걸 견디지 못하는 한편, 어떤 부모는 옆집까지 들릴 정도의 음량으로 웃고

떠들며 이야기를 주고받기도 한다.

따라서 우리가 아이들에게 기대하는 바를, 아이들이 저절로 알게 되기를 바라는 건 과한 기대다. 또 우리가 생각하는 올바른 행동을 아이들이 절로 알기를 기대할 수 없으며 기대해서도 안 된다. 우리는 원하는 바를 '기대'하는 대신 구체적으로 '설명'해야 한다. 여기에서는 긍정적인 방식의 의사소통이 도움이 된다. 즉 "그만 좀 더럽혀!"라고 말하는 대신, "소스가 바지에 떨어지지 않게 접시 위에서만 먹자"라고 말하는 것이다.

당신의 집안에서 중요하게 여기는 규칙들로는 무엇이 있는지 한번 적어보기 바란다. 당신 가족만의 특별한 규칙이 있는가? 그중 아이들과 조율이 가능한 규칙이 있다면 무엇인가? 그리고 결코 타협할 수 없는 부동의 규칙으로는 어떤 것들이 있는가?

우리는 시간에 따라 다르게 반응한다

아이들이 '못된' 행동을 보일 때, 또는 자제력을 잃거나 규칙을 어길 때 흔히 일어나는 패턴을 한번 살펴보자. 이런 행동에 따른 부모들의 반응은 여러 다양한 요소에 따라 좌우된다.

》 아이가 몇 살인가?
》 주로 집에서 말썽을 피우는가, 아니면 유독 사람이 많은 공개된 장소에서 그런 행동을 하는가?
》 위험한 행동인가, 아니면 그저 못마땅한 정도인가?
》 나의 감정 상태는 어떠한가? 긴장감 없이 여유로운가, 아니면 스트레스에 빠져 있는가?

일요일 아침, 아이가 집에서 잠옷을 입은 채로 장난을 치며 거친 말을 한다면 십중팔구는 간단히 웃어넘길 것이다. 그러나 같은 행동을 평일 밤 10시에 한다면, 게다가 처리해야 할 일이 아직 산더미같이 쌓여 있다면 순간적으로 짜증을 내거나 화가 폭발할 수도 있다. 늦게까지 아이를 돌보느라 충분히 피곤한데 아직도 일이 남아 있어 고달플 때, 우리는 일요일 오전과 같은 컨디션일 수가 없다.

집 안에서 다툼이 고조되는 시기는 주로 모두가 지친 늦은 오후나 저녁 시간대다. 또한 시간 압박은 아이들을 엄하게 질책하는 경향을 강화하곤 한다. 오후 시간에는 아이들이 준비될 때까지 기꺼이 기다리는 반면, 통학 버스를 급히 타야 하는 오전에는 꼭 잔소리를 하게 된다. 스트레스를 받고 있는 상태에서 시간적 압박이 추가로 더해진 것이다. 하지만 스트레스 속에서 우리는 공감 능력이 떨어지고 이해심이 줄어들며 긴장은 올라간다. 그리하여 아이를 도우려 하기보다 야단을 치게 된다. 특히 아이가 천방지축으로 날뛰기라도 하면 우리의 이해심은 거의 바닥이 나 상황은 더욱 심각해지고 만다.

부모들은 언제 부끄러움을 느끼는가

아이가 자기 말에 순응하지 않을 때 부모는 수치심을 느낀다. 마트에서 어떤 여성이 짜증스러운 눈으로 바라보거나 길거리에서 어떤 남성이 상처가 되는 말 한마디를 던지면, 우리는 자녀 교육을 제대로 못 한 사람이 되고 만다. 우리는 정말 아이들을 통제하지 못하는 걸까? 그런데 과연 통제가 가능할까? 또, 모든 행동을 통제해야만 하는 걸까?

이 외에도 부모는 자신이 부모로서 제 역할을 못 했다고 느낄 때 수치심을 느낀다. 신경이 곤두서고 스트레스가 높아지며, '이런 식으로는 계속할 수 없다'는 생각이 든다. 그럴수록 아이는 더 못마땅해 보여 더 가혹하게 굴게 되고, 그로 인해 마음은 더욱 불쾌해진다.

부끄러움은 종종 우리 자신뿐 아니라 아이들에게도 무의식적으로 어마어마한 압박감을 전달하곤 한다. 그럼 이제 수치심이 부담과 압박을 발생시키는 무의식적인 과정을 자세히 살펴보자. 아이들이 해를 입기 전에 이 감정을 현명하게 다루는 방법을 익히기 위해 말이다.

모든 인간은 수치심이라는 감정을 느낀다. 그런데 수치심을 일으키는 이유는 각 나라마다, 그리고 문화마다 천차만별이다. 가령 어떤 문화권에서는 속옷 차림으로 번화가 한가운데에 서 있게 되면 엄청난 수치심에 빠지지만, 일터에서 성공적인 성과를 낸 프로젝트에 대해서는 거리낌 없이 자랑한다. 한편 어떤 문화권에서는 본인의 업적을 널리 알리고 자화자찬하며 남들보다 자신을 우월하게 여기는 행위를 엄격히 금한다. 이들에게 알몸 차림은 전혀 문제가 되지 않는다.

수치심은 선천적으로 타고나는 감정이지만, 우리가 무엇에 부끄러움을 느끼는지는 문화와 교육 그리고 개인 성향에 따라 달라진다. 수치심 그 자체로는 나쁠 것이 없다. 이 감정은 우리 삶에서 경보 시스템 임무를 담당한다. 이를테면 인간으로서 우리의 존엄과 사회적 규칙을 지키는 수호자다. 만일 부끄러움을 느낀다면 그건 자기의 존엄이 손상되었거나, 소속된 집단의 규칙을 위반했다는 뜻이 될 것이다.

사람들에게 부끄러움이 어떤 느낌인지 묻는다면 대부분은 이렇게 묘사할 것이다.

>> **실오라기 하나 걸치지 않고 알몸이 된 느낌:** 이는 우리 내면의 상태와 일치한다. 수치심을 느낄 때 우리의 내면은 집단 앞에서 숨김없이 다 노출되어 서 있는 상태. 말 그대로 '벌거숭이'가 되어 약점을 다 드러내면서, 공격받기 쉬운 상태가 된다.

>> **자기 통제를 잃은 느낌:** 이 또한 원시의 상황과 일치한다. 집단의 보호가 없으면 우리는 자신의 삶을 통제할 수 없다. 혼자서는 온전한 통제가 불가능하기 때문이다.

>> **도망가고 싶고 경직되는 느낌:** 여기서도 우리는 부끄러움이 아주 원시적인 감정이라는 걸 알 수 있다. 사람들은 부끄러움을 느낄 때 마치 맹수에게 위협을 당하듯, 실제 비상사태처럼 반응한다.

이러한 수치심에 우리는 기질에 따라 각기 다른 반응을 보인다. 어떤 이들은 상황에서 벗어나려는 시도를 하고, 어떤 이들은 책임을 물을 사람을 찾으려 하며, 또 다른 이들은 아예 망부석이 된다.

수치심은 우리가 진짜 심각한 문제에 빠지기 전에, 즉시 경로를 변경해야 한다고 알리는 하나의 신호다. 또한 이 강렬한 감정은 우리가 스스로의 행동과 태도를 곧바로 재고하도록 하며, 후회를 느끼고 또 후회를 드러내게 한다.

"창피하게 왜 이래!"
…누가 창피하다는 걸까

아이가 '못된' 행동을 할 때 부모들은 종종 이런 말을 한다.
"창피하게 이럼 안 되지!"
왜 이런 말을 하는 걸까? 누가 창피하다는 걸까? 혹시 아이의 행동 때문에 자신이 부끄럽다는 뜻은 아닐까? 흔히 일어나는 상황을 한번 가정해보자.

오후 5시 30분. 당신은 지금 저녁 식사 준비를 하기 위해 마트에서 장을 보고 있다. 그때 장난감 코너에서 '통카스틸 덤프트럭'을 발견한 아이가 그걸 사달라고 조르기 시작한다. 당신은 장을 마저 보면서 아이를 계속 어르고 달랜다. 아무리 달래도 아이가 물러서지 않자 당신은 조용히 카트를 계산대 쪽으로 밀고 가려고 한다. 결국 아이는 바닥에 드러누워 소리를 지르기 시작한다. 나이 지긋한 노부인이 당신 곁을 지나며 한마디 던진다.

"요즘 젊은 부모들은 애를 제대로 못 다룬다니까."

마트 직원은 무기력하고 짜증 섞인 얼굴로 당신을 바라본다. 당신의 얼굴은 순식간에 붉게 달아오른다.

부끄러움은 내면에서 일어나는 격렬한 스트레스 반응이므로, 모든 인간은 이 압박감에서 가능한 한 빨리 빠져나오려고 한다.

하나의 상황에 따른 네 가지 반응

오후 5시 30분은 누구에게나 지친 시각이다. 기나긴 하루를 보낸 부모들에게는 더할 것이다. 아이는 울며불며 소리를 치고, 당신은 심한 스트레스를 받았다. 이 스트레스는 당신의 기질과 심신의 컨디션에 따라 각기 다른 속엣말을 불러일으킨다. 이를테면 다음과 같은 말이다.

1. 감정 이입적 반응

'늦은 시간이라 많이 피곤한가 보네, 가여워라.'

가장 지혜롭고 유의미한 반응이자 가장 어려운 반응이다. 이 부모는 아이가 자신을 화나게 하려는 의도가 아님을 잘 알고 있고, 아이의 마음에 공감한다. 연구에 따르면 욱하는 성미가 덜한 부모에게서 자란 아이들이 보다 신중하게 행동한다고 한다.

2. 도주 반응

'진짜 창피해죽겠네. 저 사람들이 날 어떻게 생각하겠어. 빨리 여기를 나가는 수밖에 없어.'

남들이 자신을 '아이 하나 교육 못 하는 부모'로 볼까 봐 당장 어디든 숨고 싶어진다. 그래서 가능한 한 빨리 이 상황에서 벗어나기 위해 아이를 얼른 잡아채고 마트를 빠져나온다. 필요한 물건을 다 사지 못했음에도, 부끄러움이라는 감정이 너무 강해서 이 상황을 계속 감당할 자신이 없다.

상황을 도저히 돌파 못 하겠으면 회피해도 괜찮다. 단 명심할 건 아이를 탓하는 말만큼은 하지 않아야 한다. "너 때문에 장도 다 못 봤잖아!" 같은 말은 장난으로라도 하지 말자.

이 같은 회피 반응의 최대 단점은 상황에서 벗어날 수는 있지만 결과적으로 아이에게는 도움이 안 된다는 것이다. 아이가 부모에게서 이런 행동을 반복해서 보면 스트레스 상황에 맞닥뜨렸을 때 그저 도망치는 법만 익히게 된다.

3. 보복 반응

'애 때문에 내가 이렇게 웃음거리가 되다니. 얘는 정말 부끄러운 줄 알아야 해!'

우리는 체면과 위신, 존경을 잃는 것을 두려워한다. 그래서 다른 사람에게 웃음거리가 된 느낌을 받는 이때, 그 부끄러움을 아이에게 돌린다. 감정이 격해진 나머지 충동적으로, '원인 유발자'이자 '책임자'인 아이를 부끄럽게 여긴다. 어쩌면 아이가 울기 시작할 때, 짜증스러운 얼굴로 우리를 바라보는 누군가의 시선을 감지할지도 모른다. 그럼 수치심을 내던져버리고 싶은 욕구가 점점 강해지면서 아이에게 이런 말을 한다.
"창피하게 무슨 짓이야! 당장 뚝해!"

4. 공격적 반응

'분명 다들 내가 아이를 제대로 통제하지 못한다고 생각할 거야. 그러니 지금 당장 단호하게 대응해야 해!'

단호하게 굴기로 다짐한 부모는 그 순간 자신이 원하는 행동을 아이에게 강요한다. "당장 안 일어나면 앞으로 아무것도 안

사줄 줄 알아!"라는 조건형 문장으로 아이를 압박한다. 스트레스가 끝까지 치달은 탓에 협박하고 야단치고 아이의 팔을 강하게 붙들고 흔들지도 모른다. 주변에서 무슨 일이 벌어지든 볼 수도 없고, 이제 더 이상 바닥에 누운 이 조그만 인간에게 감정이입을 할 수도 없다.

나중에는 이 행동을 크게 후회하기도 한다. 때로 이 후회는 너무도 강렬해서 다시금 수치심에 사로잡히게 된다. 그럼 아이에게 이렇게 말한다.

"네가 그렇게 고집 안 부리면 엄마도 안 그러지!"

공격은 우회적으로도 가해진다. 예컨대 커다란 어른이 조그마한 아이를 업신여기며 벌을 주는 행동, 더 이상 아이와 말을 하지 않거나 그냥 무시하는 '애정 박탈'의 행동 또한 수동적인 공격에 포함된다. 이런 행동이 아이에게 안정과 균형을 가져다주지 않는다는 건 누구나 아는 사실이다.

많은 부모가 이렇게 말한다.

"언성을 높여 꾸짖으면 결국은 조용해지던데요? 훈계가 먹힌다고요!"

그렇기도 하고 아니기도 하다. 꾸지람이 두려워 아이가 말썽을 그치고 다시 잠잠해진다면 의미 있는 학습은 전혀 이루어지지 않는다. 아이는 그저 감정과 정서를 억누르는 법만 배울 뿐이다. '조절' 대신 '억제'를 학습하는 것이다. 그리고 이때 내면에 쌓인 압박감은 반드시 다음 기회에 터져 나온다. 다음번의 싸움, 다음번의 울음을 통해 말이다.

"우리는 주변 이웃이 만든 이미지에 부합하는 아이를 키워내려 한다."

가족 치료의 선구자이자 특유의 자극적인 치료 방식으로 유명한 칼 휘태커Carl Whitaker의 말이다. 나는 이 문장을 조금 더 확장하고 싶다. 우리는 아이들이 부모인 우리 자신 혹은 학교 교사가 만들어낸 '이미지'에 들어맞기를 원한다. 아니면 더 나아가 페이스북이나 인스타그램에 올리기 좋은 이미지를 바라는지도 모르겠다. 당신은 어떤가?

자기 가치감을 아이를 통해 느끼려 한다면 위험한 악순환이 시작된다. 즉, 부모 자신이 한 인간으로서 소중하고 가치 있다는 감정을 갖기 위해 아이가 올바른 행동을 보여야 한다면, 아이는 스스로 감당할 수 없는 무거운 부담을 지게 된다. 또한 부모는 계속해서 실망하게 될 것이다. 아이는 좋은 행실로 부모에게 자기 가치감을 부여해주는 존재가 아니기 때문이다. 아이는 실수하며 성장하고, 그러면서 자신만의 길을 찾아가는 존재다. 자기 가치감은 홀로 해결해야 할 각자의 과제다.

수치심 대신
책임감을 가르쳐야 한다

"오늘 간식은 없어!"

"부끄러운 줄 알아야지! 정말 난리도 아니네!"

"어서 일어나. 안 그러면 인형이고 뭐고 더 이상 없을 줄 알아! 집에 있는 인형 다 갖다 버릴 거야. 엄마도 참을 만큼 참았어!"

"하, 아빠는 진짜 너 때문에 너무 피곤하다……."

자녀에게 수치심을 전가할 때, 겁을 주고 고함을 치며 아이를 차에서 억지로 끌어낼 때, 우리는 연달아 두 번의 부끄러움을 느끼게 된다. 첫 번째로 자신의 형편없는 육아 능력(아이가 사회적 규범을 벗어났으므로) 때문에, 두 번째로 자신의 형편없는 반응(호통치거나 거친 말로 야단을 쳤으므로) 때문에. 그리고 나서 이 수치심을 교묘하게 감춘다. 짜증을 내거나, 자기 자신 또는 타인을 비난하거나, 불같이 화를 내면서 말이다. 아니면 자책감, 자기 회의, 우울한 생각, 체념 등에 빠지기도 한다. 어떤 경우에든 가능한 한 신속하게 이 감정에서 벗어나려는 시도를 한다. 도저히 견디기 힘든 감정이기 때문이다.

그럼에도 우리는 본능적으로 느낀다. 그 누구도 우리를 수치심이라는 감정에서 꺼내주지 못한다는 것을. 우리 자신도, 아이들도 할 수 없다는 것을. 바로 이 지점에서 우리는 흥미로운 깨달음을 얻게 된다. 수치심은 중요한 안내 표지임과 동시에 어떻게든 다시 빠져나와야 하는 감정이라는 사실을 말이다!

책임감이 우리를 해방시킨다

부끄러움이라는 모호한 감정은 우리의 자기 가치감을 긁어내린다. 그래서 스스로를 '훌륭하지 않은', '소중하지 않은' 사람이라 느끼게 된다. 하지만 그 근본적인 이유를 구체적으로 말하기는 어렵다.

"어제 화를 못 참고 아이한테 윽박질렀어. 정말 어리석은 행동이었지. 그래서 바로 사과했어."

우리는 보통 이렇게 말하지 않는다. 대신 다음과 같이 이야기한다.

"어제 화를 못 참고 아이한테 윽박질렀어. 너무 부끄러워. 나는 정말 좋은 아빠가 아닌가 봐."

한 번의 실수에 대한 부끄러움은 인간으로서 자신의 가치를 절하하게 만든다. '좋은 엄마', '좋은 아빠'가 아니라는 감정은 결코 유쾌하지 않다. 따라서 우리는 모든 게 훨씬 가벼워지는 다른 길을 모색해야 한다. 수치심이라는 감정의 자리에 책임감을 들여놓는 것이다.

책임감은 수치심에 비해 훨씬 명료한 개념으로서 우리를 해방시켜줄 힘이 있다. 우리 자신이 무언가에 책임이 있다면, 그건 우리 잘못을 만회할 수 있다는 뜻이다(물론, 타인을 심각하게 해치는 잘못은 제외하고).

> 일상에서 벌어지는 대부분의 일은
> 사랑이나 이해로 다시 '회복'할 수 있다.

마음속으로 이렇게 말하는 건 부담이 훨씬 덜하다.
"그래, 내 잘못이야. 내가 아이에게 고함을 질렀으니까."
그리 유쾌한 일은 아니지만, 이런 식으로 말하고 인지하면 자기 가치감을 좀먹는 수치심의 단계로 들어서지 않을 수 있다. 대신 '행동'의 단계로 나아가면 된다. 사과를 하고 용서를 구하는 것이다. 아이에게 가서 방금 전 자신의 행동이 그다지 올바르지 않았다고 말하는 것이다. 만일 당신이 아이에게 사과하는 일에 전혀 익숙지 않다면, 사과를 건넬 때마다 아이가 얼마나 후하게 받아주고 너그러이 용서해주는지에 매번 놀라게 될 것이다. 물론 그런다고 동시에 우리의 책임이 면제되지는 않으며 이런 식의 패턴이 반복되는 건 곤란하다. 수시로 고함을 지르고 사과하기를 되풀이해서는 안 된다는 말이다. 다만 사과는 수치심에서 멀어지게 해주는 중요한 방법이다. 또한 스스로 주도적으로 행동하도록 만들며, 자기 결정적 삶을 살도록 이끌어준다. 독일의 신경정신과 임상 전문의 클라우스-토마스 크론뮐러Klaus-Thomas Kronmuller는 "부끄러움이 있는 곳에 책임이 있다"고 간단명료하게 말하며, 막연한 수치심("나는 나쁜 엄마야", "너는 나쁜 아이야")을 구체적인 문제("나는 스트레스를 자주 받고 고함을 너무 많이 질러", "우리 아이는 자기 물건을 도무지 치우질 않아")로 전환하라고 권한다.

이는 우리 자신에게도 해당되며 아이들에게도 마찬가지다. 수치심 속에서 '못된', '게으른', '이기적인' 아이라고, '무능한', '미숙한', '통제하지 못하는' 부모라고 낙인찍는 대신, 특정 상황에서 구체적으로 무엇이 자신을 불쾌하게 만드는지 말해보자. 그리고 상대에게, 또 스스로에게 '책임을 변제할' 기회를 주자. 그렇지 않으면 양쪽 모두 양심의 가책을 품으며 각자 위태로운 삶을 꾸리게 된다.

크론밀러는 또한 말한다.

"부모는 자기가 나쁜 부모라 생각하고, 자녀는 자신이 나쁜 아이라 생각한다. 가족 내에서 이런 생각이 떠나지 않으면, 심지어 세대를 넘어 이어질 수도 있다."

"오늘은 다 내 책임이야!"

우리가 아이였을 때 부끄러움을 자주 느꼈다면, 다시 말해 "남들 보면 어쩌려고 그런 행동을 해!" 같은 문장을 거듭 들었다면, 어른이 되어서도 수치심의 감정에 취약할 수 있다. 수치심을 책임감으로 전환하고, 이를 즐거운 방식으로 배운다면 아이들의 심적 부담은 훨씬 가벼워진다. 이를 도와주는 아주 재미있는 놀이가 있다.

아침마다 가족 구성원 중 누군가가 이렇게 외친다.

"오늘은 다 내 책임이야!"

그리고 그날 집에서 무슨 일이 일어나든 매번 오늘의 '당번'이 크게 외치는 것이다("왜 소파 위가 내내 어질러져 있지?", "누가 에어컨 켜고 창문을 열어놓은 거야!"). 이 놀이를 통해 아이들은 책임지는 것이 '목숨을 위협할' 정도로 부담스러운 일이 아님을 배우게 된다. 이어서 자기 잘못을 만회하고(소파 위를 치우고,

창문을 닫고) 나면 편안하고 뿌듯해진다. 가족 구성원들 또한 누군가의 잘못과 실수에 대한 관용을 배우게 된다. 관용은 친밀한 관계와 원활한 의사소통의 토대이기도 하다.

수치심으로 인한 스트레스는 아이들에게 고스란히 전달된다. 스트레스 속에서 우리는 자신이 아이였을 때 학습한 것을 반복하는 경향을 보이기 때문에, 겪은 대로 "어떻게 그럴 수 있어!"라는 말을 하게 된다. 이런 식으로 이전 세대에서 또 다음 세대로 같은 가르침이 무의식적으로 전수된다. 그러나 우리는 이 악순환을 분명 끊을 수 있다!

수치심을 강요하는 가족은 종종 일관되지 않은 제멋대로의 규칙들을 내세우고("버터는 한쪽 면만 잘라야지, 또 이러면 아빠 화낸다!"), 대개 이 규칙들은 개개인의 특성과 한계를 존중하지 않는다("다시 얌전해질 때까지 계단 위에 앉아 있어!"). 서로를 존중하는 가족은 다르다. 모두가 납득하는 제대로 된 규칙이 있고("여름에는 버터를 냉장고에 넣어두자!"), 개인의 한계를 인정해준다("그걸 잊어버리지 않으려면 어떻게 해야 할까? 버터통에 '나는 차가운 곳이 좋아요!' 라고 메모지를 붙이는 건 어떨까?"). 이런 분위기의 가정은 부모 스스로 스트레스를 수월하게 다룰 수 있기 때문에 일상을 보다 잘 다스리며, 아이들을 안정적이고 자존감 강한 인간으로 길러낸다.

우리에게 정말 무엇이 중요한지는 우리 스스로 결정 내릴 수 있다. 지금까지 살펴보았듯이 특정 상황에서 우리에게 가해지는 내적·외적 압박의 정체가 무엇인지 확실하게 인식할 때, 마침내 우리는 마트에서 우는 아이에게 어떻게 반응해야 하는지 스스로 결정할 수 있게 된다.

TIP 완벽주의에서 벗어나기

우리는 모두 실수를 한다. 나도, 당신도, 이웃도, 교육자도, 교사도, 모두 실수한다. 우리 스스로 이를 명백히 해두는 것이 중요하다. 모두가 실수한다는 걸 시인하고 받아들이는 일도 중요하다. 실수를 인정하고 충분히 후회하고 나면, 실수를 통해 무언가를 배우게 된다. 그저 기억을 떨쳐내려고만 하면 아무런 도움이 되지 않는다.

안타깝게도 부모들은 종종 자신에게 과도하게 엄격하고 비판적인 경향을 보인다. 완벽을 추구하며 자신의 부족함을 신랄하게 비난하고 채찍질을 가한다. '내면의 비평가'가 그런 식으로 우위를 점하면 쓸데없이 많은 에너지가 들어가게 된다. 주변 모든 것에 대해 불평불만을 늘어놓고, 자신이 얼마나 잘하고 노력하든 상관없이 흠을 찾아낸다. 우리 안의 비평가는 모기 한 마리를 코끼리로 여기듯 침소봉대하며, 사소한 것 하나도 놓치지 않으면서 맥락을 간과한다. 예컨대 '오늘 하루는 정말 힘들었다'라는 전후 관계는 무시하고 비난부터 한다. 내면의 비평가는 마치 우리 편인 척하지만, 결코 그렇지 않다.

잘못을 저지르고 만회를 시도할 때도 내면의 비평가는 이를 우습게 여기며, 우리가 아이들을 교육하는 데 필요한 귀중한 힘을 앗아간다. 만회하려는 시도에서 또다시 부정적인 면을 들추고 키운다. 주의 집중에는 에너지가 따른다. 계속해서 부정적인 생각을 하면 우리의 에너지는 부정적인 것들로만 향하게 되며, 이들에게 보다 많은 공간을 내어주게 된다. 그로 인해 더 많은 에너지가 그곳으로 몰리며 결국 부정적인 효과를 발생시킨다. 두뇌가 이런 과정을 밟도록 내버려두면 우리의 정신엔 자꾸만 빠져드는 깊은 수로와 같은 '부정적인 궤도'가 자리하게 된다. 따라서 내면의 비평가를 직접 달래며 친절하게 재교육할 필요가 있다.

1. 내면의 비평가가 또 투덜거리는 소리가 들린다면, 일단 그를 허락하자. 부정적인 목소리를 억누른다고 우리에게 돌아오는 것은 없다. 그는 그저 우리를 돕고 싶을 뿐이라고 생각하자. 잠시 동안 내적 비평가의 말을 귀 기울여 들은 다음, 그가 보낸 정보가 무사히 잘 도착했다고 알려주자("고마워, 네 이야기 잘 들었

어"). 그런 다음 가던 길을 계속 가자. 그럼에도 멈추지 않고 이야기를 지속한다면, 대화를 쉽게 끊지 않는 말 상대를 만난 것처럼 그냥 적당히 받아주자. 단, 절대 흔들리지 않으면서 우리의 길을 가면 된다.

2. 내면의 보호자를 깨우자. 신경심리학자 릭 핸슨Rick Hanson은 『붓다 브레인Das Gehirn eines Buddha』이라는 책에서 다음과 같이 말한다.

"내면의 보호자는 당신의 약점과 잘못을 문맥에 따라 판단하며, 당신의 과실 옆에 놓인 수많은 장점을 강조한다. 그리고 방향을 잃었을 때, 당신이 다시금 옳은 길에 들어서도록 확신을 주며 지지한다."

3. 마지막으로 누군가의 보살핌과 걱정을 받은 때가 언제인가? 우리는 그 순간에 받았던 감정을 선명히 기억한다. 가슴속에서 온기가 솟아나는, 심장 주변에서 행복한 빛줄기가 퍼지는, 또는 뱃속 깊이 평온하고 따뜻한 그 느낌을 우리는 언제든 떠올릴 수 있다. 이러한 감정이 우리 몸 구석구석을 차지하도록 '감정의 목욕'을 해보자. 그 순간 뇌세포들은 새로이 연결망을 형성하며, 새로운 궤도를 유지하게 된다. 그로 인해 우리는 최소 12초 이상, 새로운 길이 주는 짜릿함을 누릴 수 있게 된다(12초는 생

각보다 길다. 직접 해보면 알 것이다).

4. 내면의 보호자는 우리가 가진 많은 장점을 상기시켜준다. 이를 자연스럽게 받아들이며, 속으로 모두 일일이 열거해보자. 어쩌면 오늘은 그럴 기분이 아닐지도 모른다. 혹은 자신에게 좋은 면이라고는 전혀 없다고 생각될지도 모르겠다. 하지만 절대 그렇지 않다! 우리 모두는 고유의 장점을 지니고 있다. 우리는 참을성이 강하고 애정이 넘친다. 밤마다 아이들에게 이야기를 읽어주며, 아이들의 말에 늘 귀를 기울인다. 이 모든 것을 기억 속에서 불러내어, 그 아늑함이 선사하는 긍정적인 느낌을 만끽해보자.

5. 누군가의 보살핌과 자기만의 장점을 떠올리며 긴장이 사라진 평온한 (두뇌) 상태에서, 이제 자신의 수치심을 일으키는 것들을 상기해보자. 크든 작든 상관없이 하나하나 들여다보자. 무엇이 자신을 부끄럽게 하는지, 누가 부끄럽게 만들었는지 자세히 살펴보면서 가장 괴로운 지점이 어디인지 정확히 직시하자. 정확하게 응시해보는 것만으로, 나중에 같은 감정으로 괴로운 순간이 오더라도 객관적인 눈으로 바라보고 쉽게 벗어나는 데 도움이 될 것이다.

6. 머릿속에 떠오른 순간들을 두고 스스로에게 질문을 건네보자. 그게 진짜 부끄러워할 만한 일이었는지, 아니면 단순히 부주의한 정도였는지 말이다. 만약 정말 도덕적인 잘못이었다면, 이에 상응하는 양심의 가책, 수치심을 스스로에게 허용하고 마음껏 후회도 하자.

7. 그 일에 대해 사과를 했는지 생각해보자. 이미 사과했다면 자신의 행동에 감사하자.

8. 미처 사과하지 못한 일의 경우 아직 만회의 기회가 있다면, 무엇을 어떻게 해야 하는지 내면의 목소리를 유심히 경청하자. "다시는 안 그래야지" 같은 비평가의 목소리는 무시하자. 이런 말은 무의미하다. 우리는 인간이며 인간은 다들 실수를 한다. 완벽함을 요구하는 건 어리석은 헛소리다.

9. 스스로를 용서하자. 마음속으로 또는 큰 목소리로 이렇게 말해보자. "나는 내가 ……했던 일에 책임을 질 거야. 그리고 내가 ……했던 일을 이제 용서할 거야."

10. 자신을 비롯해 주변 여러 사람을 잠시나마 사랑했던 순간순간의 경험에 깊이 감사하자. 혹시 지금 할 수 있는 무언가가 있

다면(가령 아이를 안아주며 "미안해"라고 말하거나, 배우자에게 '어제 너무 차갑게 반응했다'며 용서를 구하는 일처럼), 지금 당장 행동에 옮기고 이후에 찾아오는 안도감과 연대감을 충분히 누려보자. 이런 시도가 자신에게 얼마나 큰 안정감을 주는지 깨달았다면, 그 감정을 간직하고 계속해서 같은 길로 나아가면 된다.

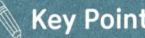 **Key Point**

- 수치심에 휩싸여 아이를 혼내면 감정은 더욱 악화된다. 그 순간 정말 무언가 잘못한 사람이 되고 '내가 좋은 부모가 아닌 것'이 기정사실이 되는 것 같기 때문이다. 그러한 사실은 다시금 수치심을 불러일으킨다.
- 수치심은 종종 공격적인 태도를 불러일으킨다. 아이가 제멋대로 군 탓에 부모인 자신이 '모욕'을 당했다 느끼기 때문이다. 실망에서 비롯된 공격성은 때로 아이나 자신에게 혹평을 가하게 하며, 무의식적으로 아니면 직접적으로 가치를 깎아내리게 한다. 결국 아이와 자신을 경멸적으로 대하게 만든다.
- 이 모든 패턴은 관계, 애착, 사랑 그리고 자기애에 독이 된다.
- 이런 악순환에서 벗어나려면 수치심을 책임감으로 대체해야 한다. 아이가 뭔가 어리석은 행동을 했을 때, 수치심 대신 책임감을 느끼며 만회의 기회로 삼으면 된다. 나쁜 건 사람이 아니라 행동이다.
- 수치심과 자기비판은 우리의 두뇌 안에 궤도처럼 깊이 새겨진다. 하지만 우리는 그 궤도를 바꿀 수 있다. 돌봄과 보호 그리고 존중받는 느낌이 얼마나 따뜻하고 아늑한지를 의식적으로 계속해서 떠올리며 머릿속에 새 길을 만드는 것이다. 그러면 수치심과 자기비판이 들어올 틈이 좁아진다.

고립
소가족은 부모들에게 너무나 가혹한 제도다

몇 해 전 아들과 함께 아프리카의 섬나라인 세이셸Seeychelles 공화국을 방문했다. 남서쪽에 위치한, 작은 만에 사는 친구들을 찾아간 여행이었다. 바나나나무와 망고나무로 둘러싸인 해변에 한가롭게 앉아 있는데, 나이 지긋한 한 여성이 다가와 내 곁에 앉았다.

그녀는 내 품에 안긴 여덟 살짜리 아들을 보며 말했다.

"나도 유럽에 한 번 가본 적이 있어. 거기선 다들 아이를 집에서 혼자 키우더라. 도와주는 사람 하나 없는 채로 말이야."

나는 조금 당황하면서 고개를 끄덕였다. 그러고는 '그렇게 나쁠 건 없다'고 말하려고 했다.

그런데 내가 입을 열 새도 없이, 그녀가 나를 와락 끌어안으며 이렇게 말했다.

"너희들이 진심으로 가여워. 아이 키우는 걸 혼자 다 감당해야 하다니, 이해할 수 없는 일이야!"

인간은 육아를
혼자 감당하게 만들어지지 않았다

우리는 정말로, 심히 외롭게 혼자 힘으로 아이를 키우고 있다. 과테말라에서는 어린아이에게 장난감을 나눠 쓰라고 요구하지 않는다. 푸에르토리코에서는 여섯 살 미만의 아이가 홀로 자는 걸 아무도 당연히 여기지 않는다. 우리 인간은 하루 종일 혹은 하루의 절반을, 아이 하나 또는 여럿을 '혼자서' 키우도록 만들어지지 않았다.

인류의 조상은 약 4백 50만 년 전에 등장했으며, 우리는 거의 2백만 년 전부터 직립 보행으로 사냥과 채집을 하면서 이 지구에 살았다. 몇몇 집단들은 바로 이전 세기의 70년대까지도 사냥과 채집을 하며 살았다. 여기서 한 가지 질문이 생긴다. 이 집단의 부모들은 자녀를 훈계하며 키웠을까? 비교적 오랫동안 여전히 '자연스럽게' 살았던 민족 또는 부족에게 스트레스와 꾸지람은 어떤 관계였는지 들여다보면 답이 나올지도 모른다.

특별히 면밀한 연구가 진행된 부족 중 하나로 !쿵!Kung족이 있다. 쿵족은 보츠와나와 나미비아 부근의 칼라하리 사막 남부에 널리 퍼져 사는 부족이다. 이들의 생활 방식을 조사하여 기술한 자료를 보면, '지극히 평화롭다'는 내용이 상당 부분을 차지하기 때문에 유독 관심이 갈 수밖에 없다. 이들 곁에서 머물며 지켜본 학자들은 쿵족의 부모들이 '끝없이 인내하며, 여유롭고 관대하게, 그리고 침착하게 자녀를 대한다'고 적는다. 쿵족의 아이들에게 우선순위는 놀이다. 14세 미만의 아이에게 어른을 항상 도우라거나 주요 집안일을 거들라고 기대하는 사람은 아무도 없다. 아이의 첫 번째 임무는 놀면서 어른의 삶을 연습하는 데 있다. 아이들이 놀다가 약간의 먹을거리를 구해 오는 건 크게 문제 되지 않는다. 하지만 가족을 위해 식량을 구해야 할 임무는 전혀 없으며, 비교적 별다른 근심 걱정 없이 어린 시절을 보낸다.

물론 동시에 모두가 반드시 지켜야만 하는 아주 명료한 규칙들이 있다. 그러나 칼라하리 사막의 규칙들은 이해하고 받아들이기가 한결 수월하다. 뭔가 확실하고 수긍하기 쉬운 주제만을 다루기 때문이다. 예를 들면 이런 식이다.

'수풀 지대의 이 구역은 들어가서는 안 된다.'

'이 화살촉은 치명적인 독이 들어 있으니 손으로 만져서는

안 된다.'

'음식은 여기 모인 모두를 위한 것이며, 나이 든 사람들이 먼저 받고 그다음으로 수유 중인 여성들 그리고 전사들에게 전해진 다음에야 비로소 아이들이 먹을 수 있다.'

이 모든 규칙은 아주 어렸을 때부터 보고 듣고 자라기에 모든 아이가 알고 있다. 이들의 규칙은 '결과'가 눈에 바로 보이기 때문에 이해하기가 무척 쉽다.

다수의 전통적인 부족들은 여러 가족으로 구성된 집단 안에서 함께 살아간다. 피곤에 지친 두 아이를 혼자서 돌보는 사람은 아무도 없다. 한 집에 있는 가족이면서 이름 없이 '익명'으로 혼자 사는 사람은 어디에도 없다.

우리 조상들 또한 자녀를 홀로 키우지 않았다. 언제나 친구들을 비롯해 조부모, 이모, 고모 그리고 다른 가족 구성원들이 온종일 곁에 있었다. 이렇게 많은 사람이 함께 사는 공동생활에도 분명 고충은 있었을 테지만, 어린아이들을 돌보는 일에서만큼은 부담을 크게 덜어주었을 것이다. 더욱이 인간은 수천 년 동안 하루의 대부분을 자유로운 자연에서 머물렀다. 오늘날에도 아이들이 바닷가나 숲속 또는 산속에서, 대체로 확연히 덜 '힘들어'한다는 걸 알 수 있다.

소유의 개념 또한 오늘날의 우리와 다르다. 예컨대 그들은 도구를 실컷 만들고 나서 터전을 떠나 계속 이동해야 할 때면, 관찰하는 연구자들이 무색하게끔 모든 걸 그 자리에 그냥 놓고 간다. 그리고 새로운 터전에서 모든 걸 새롭게 만든다. 소유는 짐이다. 무언가를 소유하면 짊어져야 한다. 따라서 끊임없이 떠돌아다닐 경우에 소유는 아무런 가치가 없다. 이로 인해 그 누구도 소유를 두고 싸우지 않는다. 아이들도 마찬가지다. '내 것'과 '네 것'은 전혀 중요한 범주가 아니다.

원시 부족과 우리 선조들이 현대인과 완전히 다른 점이 또 하나 있다. 바로 노동 시간이다.

이따금 이런 질문을 받는다.

"다들 평생 혹독하게 일하다 일찍 죽지 않았을까요?"

나는 아니라는 쪽에 무게를 둔다. 아마도 우리 조상들은 그렇게 힘들게 살지 않았을 것이다. 오히려 현대인들보다 훨씬 안락하게 보냈을 가능성이 상당히 높다.

그동안 많은 학자가 우리 조상들이 고된 생을 영위하며 기력이 다할 때까지 노동을 했을 거라는 '신화'에 거세게 반발하는 입장을 취했다. 이런 신화와 정반대로, 최근의 연구에선 사냥하고 수집하던 선조들이 우리보다 더 적은 칼로리를 소모했을 거라 추정한다. 우리보다 더 많은 영양소를 섭취하면서 해야 할 일은 더 적었다는 것이다. 그들은 우리보다 호리호리하면서, 동시에 현대인들보다 더 잘 먹고 일은 더 적게 했던 것이다. 그러므로 우리 조상들은 확실히 우리보다 더 적은 부담을 받으며 더욱 적은 시간적 압박에 놓여 있었다. 요약하면, 스트레스도 더 적었다는 뜻이 된다.

연구 결과들을 보면 다수의 원시 부족들이 직접적인 생계를 위한 노동을 하루에 네 시간 이상 하지 않는다고 서술되어 있다. 쿵족의 경우 일주일에 열두 시간에서 스물한 시간 정도만 생계를 위해 일한다(어떤 날은 하루에 두 시간만 일하기도 한다).

이들의 일상은 매우 여유로웠다. 많이 웃고, 많이 이야기하며, 원형으로 둘러앉아 일이나 문제를 함께 처리했다. 아이들은 어른들 주변에서 작은 무리를 이루어 놀았고, 때때로 큰 소리로 임무를 하나씩 받거나 부드러운 경고를 받기도 했다. 하지만 그 외에 쿵족의 터전에서 벌어지는 모든 상황은 늘 평온하고 침착하며 좋은 분위기로 그려졌다.

모든 부모가 인내심을 잃는 순간

흥미롭게도 자녀에게 무한한 인내심으로 유명한 쿵족의 부모도 인내심이 바닥나는 상황이 하나 있었다.

이들 부족이 한곳에 정착하자 갑자기 자녀들의 터울이 두드러지게 짧아지기 시작했다. 쿵족 여성인 니사Nisa의 이야기를 담은 책을 보면, 그녀의 어머니는 기존의 규칙에 반하며 니사가 세 살이 채 되기도 전에 임신하면서 모유가 '간간이' 나왔다고 한다. 이는 쿵족에게 굉장히 이례적인 일이었다. 사냥과 수집을 하며 터전을 옮겨 살 때에는 한 아이를 3년에서 4년 동안 돌보았으며 계속해서 젖을 먹였다. 그리고 출산 터울은 최소 4년 정도였다.

학자들의 관찰 결과 다른 원시 부족들 또한 자녀들 간의 터울은 최소 세 살이었다. 리처드 리에 따르면 쿵족의 모든 아이는 다음 자녀가 세상에 태어나기 전까지, 약 44개월 동안 어머니의 보살핌을 온전히 홀로 받으며 성장할 수 있었다.

리처드 리는 이렇게 말한다.

"쿵족의 어른들에게서 나타나는 정서적 안정은 이들이 초기 아동기에 경험한 안정감에서 비롯되었다고 볼 수 있다."

파라과이의 아체Ache족은 평균 출산 터울이 '고작' 36개월이며, 야노마미Yanomami족은 심지어 34.4개월밖에 되지 않는다. 지금까지 조사된 원시 부족들 사이에서는 간격이 매우 좁은 축에 속한다. 그런데 지난 세기의 80년대에 들어서며 모든 것이 달라졌다. 쿵족의 사냥터가 목동들에게 점령되면서, 이들 부족은 사냥으로 오히려 곤란을 겪거나 아예 사냥이 금지되기도 했다. 쿵족이 강제적으로 정착하게 된 곳에는 암소 젖과 염소 젖 그리고 어린아이를 위한 곡물 죽이 주어졌다.

쿵족은 이 새로운 변화와 부수적인 식량 공급을 받아들였고, 그로 인해 의도하지 않은 현상이 발생했다. 아이들은 어머니의 보살핌과 모유를 더욱 적게 받게 되고, 어머니들은 보다 이른 시기에 다시 임신을 하게 된 것이다. 첫째 아이가 두 살이 되기도 전에 어머니가 다음 아이를 갖는 일이 갑작스레 빈번해지게 되었다. 이전에는 이 같은 일이 아주 드물게 예외적으로만 일어났다. 리처드 리의 말처럼, 이렇게 졸지에 짧은 터울로 아이를 낳은 어머니들은 갓 태어난 아기를 돌보느라 벅찰 뿐 아니라 "이리저리 날뛰고 고집을 부리는 두 살짜리에게 끊임없이 방해"를 받게 된다.

학자들은 이들 부족에게서 불현듯 정서적 스트레스를 관찰하게 되었고, 이는 "비교적 안정적으로 자녀를 돌보는 유목지의 사람들과 극명한 대조"를 이루었다. 내면의 안정을 잃은 부모들에게서는 제일 먼저 아이를 호되게 꾸짖는 행동이 나타났다. 이들은 자녀더러 규칙을 지키라며 큰 목소리와 거친 말투로 강하게 요구했다.

> 집 안에 고립되어 살며
> 짧은 간격으로 아이를 낳는 생활 방식의 변화로,
> 누구보다 여유롭고 깊은 안정을 누렸던
> 쿵족의 부모도 한계에 다다랐다.

빠듯한 일정과 꺼지지 않는 노트북 그리고 만원 지하철과 기나긴 업무를 견디면서, 한 명 또는 여러 명의 아이들을 돌보며 사는 우리의 인생을 바라보면 누구도 놀라지 않을 수 없다. 아이가 몇 살이든 상관없이 이는 결코 쉬운 일이 아니다! 아니, 애당초 잘해내기가 힘든 일이다. 그럼에도 때때로 부모들은 도리어 스스로를 괴롭힌다. 우리는 많은 걸 바꿀 수 있다. 우리의 부담을 보다 가볍게 만들기 위해, 일상에서 우리가 어떤 '바퀴'를 돌릴 수 있는지 확실히 해두면 얼마든지 가능하다.

우리 손으로
짐을 내려놓아야 한다

조급함, 분주함 그리고 시간 압박. 부모의 62퍼센트가 '이게 내 일상'이라고 말한다. 전체 응답자의 30퍼센트에서 37퍼센트 정도만이 재정 문제나 자녀 양육 또는 학업 걱정을 언급한다. 독일의 여론 조사 기관인 '포르자Forsa'가 부모들을 위한 잡지 『엘터른Eltern』의 의뢰를 받아 자녀가 있는 1,000명의 성인을 대상으로 본인의 인생을 어떻게 평가하는지 설문 조사를 실시했다. 열 가정 중 넷은 가족이나 주변 사회로부터 지극히 적은 지원과 도움을 받고 있었다. 그런데 그들에게 무엇이 가장 큰 스트레스인지 묻자, 절반의 여성과 3분의 1의 남성이 '내가 나 자신에게 요구하는 것들로 스트레스를 받는다'고 답했다. 근소한 차이로 '사회적 기준'이 뒤를 이었다. 즉, 아이를 완벽하게 키워 내야만 한다는 주변의 지속적인 요구에 부담을 느낀다는 것이다. 그다음으로는 '고용주', '대중 매체', '여가 시간', '친척'이라는 답이 이어졌다.

여성 응답자의 4분의 3은 '엄마로서 스스로 만족스럽지 않을 때가 자주 또는 가끔 있다'고 답했다. 남성들의 경우 3분의 2가 '아빠로서 나의 역할이 충분히 만족스럽지 못하다'고 생각했다. 부모들은 SNS를 통해서도 스트레스를 받았다. 부모 열에 넷은 '사람들이 SNS에서는 실제와 다른 모습을 보여주려 애쓴다'고 여겼다. 또한 응답자의 3분의 1은 'SNS가 내 시간을 앗아간다'고 불만을 호소했다.

평정으로 가는 첫걸음

부모들에게 '무엇이 본인에게 가장 도움이 될 것 같은지' 물으면, 41퍼센트는 '더 많은 재정적 지원'이라 답한다. 그러나 바로 다음으로 38퍼센트의 응답자는 '더 나은 내면의 균형, 여유와 평정'을 꼽는다.

이른바 '평정'이라 불리는 내적 평화와 고요는 어떻게 도달할 수 있을까? 이는 그리 어렵지 않다. 천천히 한 단계씩 밟으면 된다. 첫 번째 단계는 인정하고 받아들이는 일이다. 우리는 완벽한 부모일 필요가 없다. 그리고 이보다 더 중요한 것이 있다.

즉, 우리는 완벽한 아이를 길러낼 필요가 없다. 이를 인정하고 시작해야 한다.

당신의 일상이 어떤 모습이길 바라는지 스스로 점검하면서, 나중에 처리해도 되는 일들은 무엇인지 한번 파악해보자. 예컨대 당신이 피곤하면 지금 당장 다용도실을 정리하지 않아도 된다. 아이들이 더 자라고 나서, 5년 뒤에 뒤집어도 아무 문제가 없다. 다용도실은 도망가지 않는다! 부모와 자녀 간의 올바른 관계를 중심으로, 해야 할 일과 하지 않아도 될 일들을 분별해보자. 스트레스 속에서 우리는 종종 모든 걸 동시에 해내야 한다고 생각하지만, 그러기는 쉽지 않으며 그럴 필요도 없다.

길고 지난한 하루를 보내고 나면 자신에게도, 아이에게도 더 많은 인내심을 발휘해야 한다. 이런 날에는 저녁 식사로 굳이 스페셜한 요리를 내놓을 필요는 없다. 알록달록한 채소로 재미있게 얼굴 모양을 내느라 부담만 가중될 것이다. 그렇다고 냉동실에 처박힌 동그랑땡을 꺼내지도 말자. 너무 과하지도 너무 부실하지도 않게, 적당히 저녁을 보내고 내일 아침 준비를 미리 해두자. 아이가 일찍 일어나야 한다면, 그리고 혼자서 옷을 잘 챙겨 입지 않는다면 다음 날 아침에 바로 바지와 스웨터만 걸치고 나갈 수 있도록 보송하게 마른 속옷과 양말을 침대맡에 놓아두는 것도 좋겠다.

인생은 스트레스로 가득하다. 그러므로 우리 손으로 직접 무거운 짐을 내려놓아야 한다.

아이들이 짜증을 내며 레고 상자를 쏟아버리고는 다시 정리해서 담기를 거세게 거부하는가? 형제나 자매의 머리끄덩이를 쥐어뜯고는 사과하지 않겠다고 고집부리는가? 속옷 갈아입기, 머리 빗기 또는 (이 닦기는 말할 것도 없고) 손 씻기 등을 격렬히 거부하는가?

솔직히 말하면 이런 건 전혀 중요하지 않다. 걱정하지 않아도 된다! 우리는 당장 바로잡고, 당장 조치를 취하고, 당장 문제를 돌파할 필요가 없다.

지금 바로 문제가 해결되지 않는다고 해서 큰일 나는 게 아니다. 아이들이 비뚤어지거나 구제 불능이 되는 것도, 우리의 잘못도 실패도 아니다. 아이들은 아이들이다. 아이들은 모든 걸 학습할 수년의 시간을 남겨두고 있다. 따라서 우리는 고요하고 침착하게 차 한 잔을 마시며 무슨 일이 벌어지는지 일단 기다리면 된다. 아이는 당장은 아니더라도 머지않아 레고를 정리할 것이다. 그러면 우리는 나중에 가서 뒤돌아보며, 그때 왜 동생의 머리끄덩이를 잡았는지 아이들과 이야기를 나눌 수도 있다. 아이가 저녁에 새카만 발바닥으로 숙제도 하지 않은 채 잠자리에 들더라도 조용히 놔두자. 모든 것이 다시금 생기를 얻고 차분해지는 다음 날 아침에, 출발점으로 돌아와 문제를 다시 새로 들여다보면 된다.

　부모들은 종종 불안한 '경보 모드'로 들어가는 탓에, 아이들의 수많은 행동을 '즉시 저지해야 하는 위협'으로 보고는 한다. 아이들이 원하는 대로 행동하지 않는다고 해서 선불리 '잘못'되었다고 여기며 불편해하지 말자. 이를 확실히 염두에 두면 여러모로 도움이 된다. 아이들은 학습을 하며 스스로 "나 그거 안 할래!"라고 말할 권리가 있다. 그때 부모가 먼저 침착함을 유지하면 아이들은 이를 보고 배우게 된다.

> 아이가 말을 듣지 않는다고 우리가 실패한 것은 아니다.
> 또한 원하는 방향으로 돌리기 위해
> 즉각적으로 강력하게 대응할 필요도 없다.

　물론 가정의 규칙을 아이들이 정해야 한다는 말은 아니다. 일단 우리가 긴장을 내려놓으면 아이도 침착함을 학습할 수 있다는 뜻이다. 오늘내일 내로는 어려울지 모르지만, 언젠가는 배우게 될 것이다. 무슨 주제를 다루든 부드럽고 다정한 태도로 일관하자. 흥미롭게도 우리가 추가로 압력을 가하지 않을 때, 오히려 아이들의 학습 가능성과 습득 속도는 올라간다. "넌 정말 구제 불능이야!" 같은 혹독한 꾸중을 들을 때보다, 인간으로서의 존엄과 품위가 지켜질 때 자기 가치감을 느끼며 보다 협조적인 인간이 된다.

이를 분명히 깨달으면, 당신이 느끼는 일상의 '파도'가 단단한 바위에 부서지는 '잔물결'이라는 걸 배우게 된다. 부서지고 마는 파랑은 뭔가 긴급하거나 심각한 일을 야기하지 않는다. 아이가 도로로 뛰어들면 당연히 즉시 멈춰 세워야 하겠지만, 단지 화가 나서 방 밖으로 뛰쳐나가면 그 즉시 제지하지 않고 차분히 앉아 생각에 잠겨도 괜찮다.

우리는 완벽하지 않아도 된다. 넓은 집, 새로운 자동차가 반드시 필요하지도 않다. 우리는 있는 그대로도 충분히 괜찮다. 좀 전에 잔뜩 심통 나서 방 밖으로 뛰쳐나간 고집불통의 아이도 마찬가지다.

그렇다면 아이들은 부모인 우리를 어떻게 볼까? 아동·청소년 전문 시장 조사 기관인 '아이콘키즈 & 유스Iconkids & youth'가 6~12세 사이의 아이들에게 '자신의 인생 및 부모에게 얼마만큼 만족하는지' 물어본 결과, 대략 90퍼센트가 '세계 최고'라고 답했다. 응답자의 91퍼센트가 부모님과 있으면 '언제나 매우 안정적이고 편안한' 감정을 느낀다고 답했으며, '우리 부모님은 나를 있는 그대로 사랑해준다'고 응답한 아이도 90퍼센트에 달했다.

부모에게 무엇을 가장 바라는지 아이들에게 물으면 대답은 늘 한결같다. 가장 많은 응답은 "엄마, 아빠와 더 많은 시간 보내는 것"이다. 그리고 이 시간은 무료로 보낼 수 있다. 우리가 제공만 해준다면 말이다.

소가족 제도가 우리에게 미치는 영향

"소가족 제도는 근본적으로 잘못되었다. 자녀의 모든 요구 사항을 부모 홀로 충족시켜야 하므로, 이 제도는 부모에게 과중한 부담을 가한다. 아이들은 여러 부류의 다양한, 성인 '애착 대상'이 필요하다."

스위스의 소아과 의사이자 작가인 레모 라르고Remo Largo는 스위스 잡지 『데어 베오바흐터Der Beobachter』와의 인터뷰에서 이렇게 말했다. 그렇다고 당장 소가족 제도에서 억지로 벗어나야 한다는 뜻은 아니다. 다만 그는 학자들이 이미 오랫동안 알고 있던 사실을 단도직입적으로 꺼낸다. '인간은 하나 또는 두 명의 어른과 하나 또는 여럿의 아이가 한 가족으로 사는 상황에 적합하도록 만들어지지 않았다'는 사실이다.

인류의 역사를 살펴보면 인간이 공동으로 양육하는 종이라는 걸 바로 알 수 있다. 우리는 언제나 집단 내에서 아이들을 키웠다. 따라서 아이를 혼자 또는 둘이서 양육하는 건 과도한 부담이 지속적으로 가해지는 것과 다름없다. 예전이었으면 거의 매 순간을 긴급 상황이라 여기며, 가능한 한 빨리 끝내려 했을 것이다. 한마디로 너무나도 힘든 일이다.

왜 이렇게 힘이 드는 걸까? 문제는 크고 성능 좋은 우리의 두뇌와 직립 보행에 있다. 진화 과정을 거치며 인간의 두뇌는 점점 더 커졌다. 하지만 허리를 세우고 걸으면서, 동시에 마음대로 커져버린 거대한 머리를 낳을 수가 없었다. 그래서 아이들을 '생리적 조산'으로 낳게 되었다. 다시 말해 굉장히 느리게 발육하는 아이들이 미성숙한 상태에서 세상에 태어나는 것이다. 이는 장점이기도 하다. 일찍 태어나 오랜 기간 성장하므로, 실로 많은 걸 배워 익힐 수 있고 아주 천천히 가능한 모든 것에 적응할 수도 있다. 그러나 부모에게는 너무 큰 부담이 지워진다.

인류학자 사라 블래퍼 허디Sarah Blaffer Hrdy는 "모든 영장류 가운데 인간은 가장 비용이 많이 드는 아기를 감당하고 있다"라고 말한다. 아이들은 몇 달이나 몇 년 만에 자립하는 다른 포유동물과 다르다. 엄밀히 말하면 인간은 무려 20여 년 동안 세상에서 살아남는 방법을 배운다. 어디에 살든 학습 단계의 기간은 거의 동일하다.

> 우리가 속한 세상에서 필요로 하는
> 모든 문화적 능력을 학습하려면 20년이 걸린다.

이는 수많은 장점을 지닌다. 어떤 나라든 관계없이 세상에 태어난 아이는 모든 걸 습득하며 그 사회에 충분히 어울리는 구성원으로 성장할 수 있다. 단점은 명료하다. 부모가 아이 하나를 가르치고 기르기 위해 헤아릴 수 없을 만큼의 에너지를 조달해야 한다는 것이다.

일과 가정

인류 역사에서 이는 여태껏 아무런 문제가 되지 않았다. 온 부족, 온 마을 또는 온 집단이 건강하고 총명하며 재능 있는 후손을 길러내는 데 관심이 있었기 때문이다. 물론 오늘날에도 우리는 많은 도움과 지원을 받고 있다. 아이 돌보미, 어린이집 보조교사, 유치원 교사, 학교 교사 및 강사, 방과 후 교사 그리고 가장 이상적인 도우미인 이웃과 친구, 가족이 있다. 그럼에도 부모의 어깨에 얹어진 짐을 덜어주기에는 역부족이다. 어린이집 교사들이 우리를 위해 이른 아침이나 늦은 저녁까지 내내 그곳에 머물 수는 없기 때문이다.

그뿐 아니라 오늘날의 부모는 또 하나의 부가적인 스트레스에 시달린다.

"오늘날 일과 가정을 어느 정도 성공적으로 조화시키려는 사람은 죽음을 계획하는 것과 같다. 우리는 사무실에서 유치원으로, 마트에서 축구장으로, 농구 훈련에서 가든파티로 쫓기듯이 황급히 돌아다닌다. 이런 식으로 사는 사람은 하루의 끝에 가면, 자기 머리가 어디에 있는지도 모른 채 멍하니 서 있게 된다."

수잔네 가조프키Susanne Garsoffky와 브리타 젬바흐Britta Sembach는 『모든 것은 있을 법한 거짓말Die Alles ist möglich-Lüge』이라는 책에서 이렇게 쓴다. 미성년 자녀를 둔 부모의 93퍼센트에게, 가정은 취미나 직업 그리고 친구보다 앞서는 가장 중요한 생활 영역이 된다. 가정이 최우선이라면 누가 우리의 노후를 보장해주는가? 누가 연금을 내는가? 집세나 대출금은 누가 갚는가? 우리의 생활수준은 어떻게 유지하는가? 부모들에게는 일이 필요하다. 물론 일과 가정이 모두 필요하기는 하지만 말이다.

인생의 러시아워

우리는 '인생의 러시아워' 안에서 커리어, 자녀 교육, 부부 관계, 노후 대비 등 모든 것을 제대로 성취해야 한다고 생각한다. 그러면서 인생을 체계적으로 조직하여 이를 따르기만 하면 아무런 문제가 없을 거라고 스스로 암시를 건다. 모든 영역에서 잘

해내기 위해, 가령 하루 열 시간 넘도록 일을 하고 운동을 하며, 훌륭한 인간관계를 맺으면서, 동시에 아이들과도 '소중하고 알찬 시간'을 충분히 보낼 수 있다고 말이다.

"인생을 철저하게 계획하고 조직한 사람만이 모든 걸 가질 수 있다!"

가조프키와 젬바흐는 '집단적 자기기만'에 대해 이렇게 요약한다. 그러나 진실은 조금 다른 얼굴을 하고 있다. 다수의 부모는 늘 분주하고 피곤하며 과도한 부담을 안고 산다. 그리하여 일곱 살짜리가 자기 숙제 앞에서 투덜거리며 짜증을 내면, 인내심의 끈이 툭하고 끊어지고 만다.

하지만 인내심의 끈이 끊어진 이유는 아이 때문이 아니다. 궁극적인 원인은 지금 우리가 꾸리고 있는 인생에 있다. 아이와 일을 완벽하게 병행하기란 거의 불가능하다. 이 불가능을 가능하게 만들려고 애쓰는 게 문제다. 다시 말해 생계를 위해서든 자기 발전이나 경력을 위해서든, 사회에서 일을 한다는 건 혹독한 과제를 해내야 한다는 뜻이다. 그런데 보통은 한 사람에게 대부분의 부담을 전가하곤 한다. 아이에 대한 책임의 무게가 종종 한쪽 부모에게만 집중적으로 쏠리기 때문이다. 그럼 직장 생활과 집안일 외에 부수적으로 생겨나는 일도 한쪽의 몫이 된다. 이를테면 병원 예약을 비롯해 아이 생일잔치 준비에서 친지들 안부 관리에 이르기까지 모두를 한 사람이 떠안게 된다.

주변을 한번 돌아보자. 이웃과 친구 혹은 가족들을 당신의 삶에 보다 가까이 끌어들일 수 있는지 곰곰이 생각해보자. 주방에서 공동으로 요리를 하고, 더 많은 이와 모여 식사를 하고, 공동으로 청소를 하거나 서로 돌아가면서 아이들을 체육관에 데려다주고 데려오는 일이 가능할 것 같은가? 물론, 스스로를 개방하는 일은 쉽지 않다. 하지만 생각을 조금 바꾸면 어떨까? 우리 모두가 같은 배를 타고 있다고 자각하면 한결 수월해질지도 모른다. 그러면 우리는 가족에게 공간과 마음을 열기도 쉬워지며, 다른 사람도 그리 어렵지 않게 도울 수 있다.

TIP 자기 가치감 회복하기

배우자와 함께 자리에 앉아 서로에게 다음의 질문을 건네보자.
'우리 아이는 나의 어떤 점을 특히 멋지다고 여길까?'
잘 생각해보고 마음속 깊이 느껴보자. 밤마다 아이에게 동화책을 읽어주는가? 아침에 아이가 통학 버스를 놓쳤을 때, 얼른 자동차 안으로 뛰어들어가 시동을 켜는가? 기가 막히게 재미난 농담을 할 수 있는가? 어떤 순간에 당신이 정말 훌륭하고 멋진 부모라고 느끼는지, 서로 대화를 주고받으며 이를 종이에 적어보자.

그런 다음 당신의 아이가 정말 훌륭해 보일 때는 언제인지 한번 써보자. 아이가 혼자서 옷을 입었을 때, 손을 씻었을 때, 누군가를 도우려 했을 때 또는 식사 준비를 도왔을 때 등등의 순간을 떠올려보자. 이 가운데 무엇을 했든 정말 대단한 일을 해낸 거라고 분명히 인식하자. 그리고 일상 속에서 '아 이런, 또 실수했어' 같은 생각이 들 때마다 틈틈이 이 쪽지를 들여다보자.

Key Point

- 인간은 스트레스와 과도한 노동을 위해 만들어지지 않았다. 우리가 평정을 유지하기 힘든 이유가 여기에 있다. 끊임없이 스트레스에 머물며 분주히 맡은 일을 행하기 때문이다. 선조들의 노동 부담은 우리보다 훨씬 덜했다. 그들은 하루에 네 시간 이상 일하지 않았으며, 신선한 바깥 공기를 언제든 쐴 수 있었다.
- 인간은 언제나 집단 안에서 자녀를 키웠고, 출산 터울도 매우 길었다. 극도로 평온하고 침착하기로 유명한 수렵·채집 부족들도, 한곳에 정착하고 밭에서 일하기 시작하며 갑자기 출산 터울이 (4년 미만으로) 짧아지자 자녀들에게 거칠고 퉁명스러워졌다.
- 현대인은 분명 과도한 스트레스를 받고 있지만, 우리 스스로 만들어내는 스트레스도 적지 않다. 우리가 세운 높디높은 목표는 엄청난 압박감을 발생시킨다. 이에 학자들은 '적당함'을 받아들이는 것도 얼마든지 괜찮다고 말한다.
- 오늘날 일과 가정을 제대로 소화해야 한다는 스트레스와 소가족 문화는 불필요한 생각을 불러일으킨다. 바로 자신 혹은 아이들이 '충분히 훌륭하지 않다'는 생각이다. 이런 마음이 끼어들지 못하도록, 당신과 당신 자녀가 지닌 크고 작은 장점들을 의식적으로 틈틈이 떠올릴 필요가 있다. 오늘도 당신은 이미 많은 걸 훌륭하게 해냈다!
- 아이를 얼마나 잘 키우든 상관없이, 아이들은 절대로 '완벽'해질 수

없으며 항상 이성적으로 행동할 수도 없다. 아이들의 임무는 (우리의 도움을 받으며) 성장하고, 실수하고, 부딪히고, 학습하는 것이다.
- 소가족은 자녀 양육을 위해 보다 넓은 범위의 도움의 손길이 요구되는, 굉장히 새로운 구조다. 마치 같은 배를 탄 것처럼, 우리 모두는 거의 동일한 압박과 부담 아래 놓여 있다. 따라서 보다 적극적으로 다른 가족에게 다가가 '공생'의 길을 도모하자. 돌아가면서 아이들을 학원에 데려다주는 식으로 서로 도움을 주고받으면 우리의 일상은 한층 가벼워질 것이다.

PART 2
Change-up

아이와 부모가 함께 행복해지는 21일 프로젝트

1 목표 설정
내가 원하는 일상 생생하게 그려보기

여기까지 읽었다면 이런 생각을 할지도 모르겠다.
"이론은 다 알겠는데, 그래서 내가 바꿀 수 있는 게 대체 뭐지?"
이 같은 의문을 접할 때마다 나는 나의 할아버지가 종종 꺼내던 말이 떠오른다.
"매일매일 조금씩 하다 보면 언젠가, 그 조금이 전체가 되는 날이 오지."
옛 습관을 바꾸거나 새로운 행동 양식을 학습하려면, 새로이 길을 내고 이 길이 습관으로 자리 잡을 때까지 한동안 아주 의식적으로 연습을 반복해야 한다. 하나의 습관이 형성되기까지 21일이면 충분하다는 학자들도 있고, 66일이 걸린다는 이들도 있으며 혹자는 더 오랜 기간이 필요하다고 주장하기도 한다. 전문가마다 의견이 분분하지만 이는 그리 중요하지 않다. 어쨌든 일정 기간 동안 꾸준히 반복하면 오랜 습관을 버리고 새로운 습관을 만들 수 있다. 매일 한 챕터씩 읽고, 거기 적힌 연습을 하루 하나씩 실천해보자. 순서는 상관없다. 흥미로운 것부터 시도해보면 된다.

01 DAY
도전에 집중할 환경 만들기

본격적으로 시작하기 전에 당신의 계획 및 실행을 도와줄 몇 가지 물건들을 준비하자. 당신에게 긍정적인 자극을 주며 동기를 부여하는 모든 것들을 최대한 활용해보자! 새로운 습관 만들기는 기본적으로 재미있어야 하며 유쾌하고 즐거운 느낌을 줘야 한다.

>> 사용하기 편한 수첩을 하나 장만해두자. 그날그날의 연습 내용이나 느낀 점을 모두 여기에 기록하자.
>> 내면에 집중하는 마음 챙김 연습을 할 수 있는 공간을 하나 마련하자. 이를 위해 굳이 비용을 들일 필요는 없다. 거실이나 방 모퉁이에 향초 하나를 두거나 요가 매트를 깔아두는 것으로 충분하다. 누구의 방해도 없이 홀로 5분 정도 자리를 잡고 앉아, 긴장

을 내려놓을 수 있는 공간이면 된다.

>> 격려가 되는 문구, 기억해야 하는 일들, 루틴과 관련된 메모 또는 놀이 아이디어 등을 집 안 곳곳에 써붙일 수 있도록, 포스트잇 같은 접착 메모지를 구입하자.

>> 마음에 드는 그림이나 동기를 부여하는 격언이 담긴 엽서를 사자.

>> 시선이 자주 머무는 곳에 자녀들의 사진을 걸어두자. 당신의 마음을 유독 사로잡는, 아이의 매력이 제대로 포착된 사진이라면 더할 나위 없이 좋다. 그러면 힘든 나날 속에서도 아이가 얼마나 놀랍고 사랑스러운지 다시금 생생하게 떠올리는 데 도움이 될 것이다.

>> 메모할 공간이 있는 달력이나 다이어리를 마련해두자. 예컨대 새로 다짐한 습관이 '잔소리하지 않기'라면, 이를 지킨 날마다 가위표를 그으며 매일의 습관을 한눈에 들여다볼 수 있도록 하자.

>> 눈에 띄게 예쁜 찻잔을 하나 마련하자. 찻잔을 볼 때마다 규칙적으로 따뜻한 차를 마시며 휴식을 취해야 한다는 걸 스스로에게 늘 상기시키자.

커다란 목표를 이루기 위해서는 그것을 잘게 쪼개야 한다. 다시 말해 21일 동안의 도전을 위한 또 다른 소소한 목표들을 세워야 한다. 당신의 챌린지가 일상 곳곳에 스며들 수 있도록,

사소하고도 섬세한 관리가 필요하다. 아래 내용을 살피며, 당신에게 맞는 의식이 있을지 생각하고 기록해두자.

》 당신의 스트레스를 줄여주는 새로운 습관을 찾아보자. 예를 들어 스트레스에 빠질 때마다 우리의 몸을 가볍게 두드리거나, 팔 벌려 뛰기를 하는 습관을 들이는 것도 좋다(이는 생각보다 긴장 완화에 효과가 굉장히 좋으며, 그저 누가 하는 모습을 바라보기만 해도 긴장이 해소된다).
》 적어도 한 가지 이상의 새로운 의사소통 기술을 익혀 아이들과 대화할 때마다 습관적으로 꺼내도록 하자. 이를테면 "네 말 듣고 있어", "엄마가 지켜보고 있어" 같은 말을 자주 하도록 연습하는 것이다.
》 날마다 잠시나마 마음 챙김 연습을 해보자. 내면에 온전히 집중한다면 단 20초라도 상관없다.
》 아침과 점심 그리고 저녁마다 순간순간 심신의 상태가 어떤지, 짧지만 구체적인 한두 마디 단어로 기록해보자.
》 모든 걸 혼자서 해내려고 애쓰지 말자. 대신 우리의 목적에 알맞은 도움과 지원을 스스로 찾아보자.
》 우리가 세운 커다란 목표를 가족 모두에게 알리자. 아이 그리고 배우자와 함께 암호말을 정하여, 필요할 때마다 암호를 외쳐 우리가 애초에 품은 계획을 상기시키도록 해도 좋다.

>> 프로젝트를 진행하다가 어느 날 문득 아이들을 꾸짖었다면, 처음으로 돌아가 1일부터 세며 다시 시작하자.

>> 스스로와 약속하며 다음과 같이 선언하자. "나는 21일 동안 꾸짖지 않기 위해 이 모든 것을 지킬 것이다. 중요한 업무를 진행하듯이 이 도전에 진지하게 임할 것이다."

02 DAY
우리 가족에게 맞는 목표 정하기

　모든 엄마가 출산 후 8주 만에 원래의 체형을 되찾을 수 있을까? 모든 아빠가 풀타임으로 일하며 커리어를 쌓으면서 자녀들과 알차고 소중한 시간을 보낼 수 있을까? 인스타그램에 올릴 만한 그럴듯한 요리를 만들고, 집안일을 하고, 아이를 돌보는 동시에 직장에서 인정받으며 일하는 생활을 시종 밝게 웃으면서 지속할 수 있을까? 현대인이라면 이 정도는 거뜬히 해내야 하지 않나?

　인정하자. 실제로 우리는 이 모든 것을 다 할 수 없다. 그리고 이 모두를 해낼 필요도 없다. 빡빡한 일정 속에서 아이와 짧지만 알찬 시간을 보내는 건 동화에서나 나오는 이야기다.

이룰 수 있는 목표를 세우자

지금 우리 사회는 '실현 가능성'에 대한 환상에 사로잡혀 있다. 무엇이든 할 수 있다고, 불가능은 없다고 부추기는 분위기가 사회 전반에 만연하다. 하지만 가족과 자신을 끊임없이 주변 환경에 맞출 수는 없고 맞출 필요도 없다. 이를 반드시 염두에 두고, 시대적 흐름과 환경에 휘둘리지 않으면서 각자의 중심을 잡아야 한다. 그러려면 자기만의 목표를 세워야 한다. 그럼 현명한 목표란 대체 무엇일까? 그리고 어떻게 설정하는 걸까?

현명한 목표 설정은 세계적으로 유명한 경영 관리 전문가가 오래전에 소개한, '스마트한 목표 설정' 기법을 참고할까 한다. 이 방법론에 따르면 똑똑하고 슬기로운 목표는 다음과 같아야 한다.

>> S(specific): 구체적일 것
>> M(measurable): 측정 가능할 것
>> A(achievable): 달성 가능할 것
>> R(realistic): 현실적일 것
>> T(time bounded): 제한 시한을 둘 것

많은 부모가 이런 목표를 세운다.
"나는 좋은 엄마가 될 거야!"

"나는 멋진 아빠가 될 거야!"

이 같은 목표는 전혀 '스마트하지' 않다.

한편 수치심에 기반을 둔 목표도 있다. 오직 완벽하게 해낼 때만 자기 자신을 인정하는 식이다.

"나는 절대로 다시는 아이에게 화내지 않을 거야!"

이러한 목표는 스스로에게 완벽함을 요구한다. 하지만 다들 알다시피 우리 인간은 완벽하지 않다. 그리고 이런 목표는 우리를 의기소침하게 만든다. 우리의 목표는 보다 구체적이어야 한다. 그렇지 않으면 결코 해낼 수 없다.

1년 동안 꾸짖지 않기

『욱하지 않는 육아 *Erziehen ohne auszurasten*』의 저자 셰일라 맥크레이스 Sheila McCraith는 365일 동안 단 하루도 아이들을 야단치지 않기로 결심하고 이를 실천한 과정을 책에 담는다. 그녀의 목표는 매우 구체적이다. 동시에 굉장히 현실적으로 목표에 접근한다. 다시 말해 자신이 첫 시도 만에 즉각 성공할 거라 전제하지 않으면서 두 번째 규칙을 생각해낸다. 목표를 실천하는 도중에 아이들을 꾸짖으면, 처음으로 돌아가 다시 1일부터 세기로 규칙을 정한 것이다. 마침내 365일을 완수하기까지, 그녀는 몇 번이고 처음부터 다시 시작해야만 했다. 그리고 결국은 끝까지 해냈다!

그녀는 구체적인 목표(365일 동안 꾸짖지 않기)를 삼아, 측정이 가능하도록(날짜 세기) 설정하고, 원칙적으로 도달할 수 있게 만들면서도 여기에 현실적인 요소를 추가하여(실패하면 다시 시작하기) 천천히 다가갔다.

365일은 꽤나 높은 곳에 있는 골대라고 할 수 있다. 그래서 그녀는 끝까지 버티기 위해 여러 곳에서 다양한 지원군을 찾아냈다. 먼저 그녀를 도와줄 수 있는 친구와 친척들을 찾아 헤맸다. 그리고 혹여 약해지고 흔들릴까 싶어, 새로 블로그를 시작하여 공개적으로 드러내면서 스스로에게 책임감을 지웠다.

절대 서두르지 말자

'21일 동안 꾸짖지 않기'는 하나의 본보기일 뿐, 상황과 사람에 따라 기간을 다르게 잡아도 상관없다. 14일 동안 해도 되고 150일 동안을 목표로 잡아도 좋다. 일단 이것저것 시도해보면서 무엇이 당신에게 잘 맞는지를 한번 살펴보자! 셰일라가 그랬듯이 당신만의 크고 작은 특별 규칙을 생각해내도 좋다. 당신의 변화에 도움이 된다면 무엇이든 허용된다.

목표에 다가가는 데 크게 도움 되지 않는 일들을 하며 상당한 시간을 보냈더라도, 그날 저녁 자신의 어깨를 토닥여주자. 우리의 두뇌는 차이를 분간하지 못한다. 이를 이용하자. 우리는 비교적 중요하지 않은 일들을 목표로 삼으면(21일 프로젝트를 버티기 위해 아침마다 두 차례 의식적으로 호흡하기) 왠지 시시하게 느껴진다. 그런데 할 일 목록에 소소한 것들을 적어두고(일어나기, 양치질하기, 아침 차리기, 우편물 치우기 등등) 모두 해내고 나면, 저녁이 되어 스스로 대견하다는 기분을 느끼게 된다. 모든 항목에 가위표를 그었으니 말이다. 실제로는 '늘 해오던 당연한 일'을 했을 뿐인데, 마치 대단한 성과인 것처럼 두뇌를 속이는 것이다. 뇌는 할 일 목록에 가위표가 그려질 때마다 보상 체계가 활성화된다. 그리고 그 목록에 '쓰레기 버리기'가 적혀 있든 '365일 동안 꾸짖지 않기'가 적혀 있든 구별하지 못한다.

사소한 일들을 간과하지 말자! 우리는 보통 도전 의식을 불러일으키는 원대한 목표를 세우려고 한다. '하루에 다섯 번 마음 챙김 연습하기' 같은 일은 목표 축에도 끼지 못한다. 21일 동안의 도전을 하면서 동시에, 이 책에서 소개한 몇몇 연습을 병행해도 좋다. 이를테면 21일 동안 매일 아침마다 '마음 챙김' 연습을 하며, 저녁 루틴에서는 '익숙한 상황에서 새롭게 반응하기' 연습을 하는 것이다. 이 정도는 누구나 수월하게 해낼 수 있다.

변화는 오직 행동에 달려 있다

무언가가 이루어지기를 바란다면 그저 바라기만 해서는 안 된다. 그렇다고 우리가 원하는 더 나은 미래를 '시각화'하여 생생한 이미지로 그리라는 뜻은 아니다. 원하는 바를 그리며 상상하면 온 우주가 우리의 미래를 마법처럼 바꾸어놓을 거라는 이야기를 하려는 건 아니다. 이런 접근을 구체적으로 풀면 다음과 같다. 울고불고 화내는 아이를 향해 우리가 어떻게 침착하게 대응해야 하는지, 머릿속으로 그리며 상상하면 우리의 두뇌가 이를 훈련하며 익힌다는 것이다. 이론상으로는 그럴듯하다. 하지만 상상 한 번으로, 곧바로 다음번에 차분한 반응을 보이기는 어렵다. 그다음에도 안 된다면 장기적으로는 아무것도 달라지지 않을 것이다!

그런데 머릿속으로 생각한 것을 직접 행동으로 옮기면, 이전에 "바로 여기에서 정신 차리고 제대로 반응해야지!"라고 말로만 했을 때보다 오히려 침착하게 머무는 순간들이 더 많아진다. 이렇게 매일매일 한 걸음씩 생각을 행동으로 옮기면서 목표에 보다 가까이 다가가게 된다. 만일 우리가 변화를 그저 절실히 소망하거나 상상만 하며 실제로 아무것도 구체적으로 행하지 않는다면, 온 우주는 우리를 도울 수가 없다.

우리에게 시간은 영원하지 않으므로 보다 효율적으로 접근해야 한다. 무언가가 일어나기를 단지 바라기만 해서는 안 된다. 얼른 자리에서 일어나 어떻게 발을 내딛어야 하는지 직접 알아내야 한다. 당신이 무엇을 행할 수 있으며 어떤 존재가 될 수 있는지 스스로 발견한 다음, 바로 발걸음을 옮기면서 시작하면 된다. 행운은 준비된 사람과 함께한다.

과도한 부담은 금물이다

스스로에게 너무 적은 부담을 가해도 안 되지만, 과도한 부담을 지워서도 안 된다. 목표를 향해 앞만 보고 달리면 발을 조금만 잘못 디뎌도 엇나가기 쉽다. 따라서 상황에 맞게 자신의 목표를 조율하는 유연성을 허락하자.

또한 다소 도전적인 이정표를 세워두는 것도 현명한 방법이다. 다음 질문에 답하며 자신의 목표와 이정을 점검하고 기록하자.

- ›› 나에게 21일 프로젝트는 충분히 해볼 만한 도전인가, 아니면 66일이 더 적합한가?
- ›› 이 도전을 해내기 위한 작은 목표로는 어떤 것들이 있는가?
- ›› 나의 성공을 어떻게 측정할 수 있을까?

>> 혼자서 해낼 수 있는 목표인가, 아니면 외부의 조력이 필요한가?
>> 현실적인 목표인가, 일상에 바로 적용할 수 있는가?

작은 목표들을 세웠다면, 아직까지는 몸풀기에 불과하다고 생각하며 가볍게 시도해보자. 절대 처음부터 무리하지 말고 익숙해질수록 조금씩 기간을 늘리면 된다. 가령 '저녁 시간에는 큰 소리 내지 않기'를 시도한 다음, 성공했다면 '다음 날 아침까지 침착하게 보내기'로, 나중에는 '하루 종일 침착하게 반응하기'로 단계를 높이는 것이다. 단계별로 시도하면서 자신이 하루에 얼마나 자주 야단을 치는지 횟수를 표시하면 좋다. 그러면 자신의 육아 패턴을 한눈에 조망할 수 있다.

목표 설정을 할 때는 꼭 현실적으로 접근하자. 가령 명절 전후에는 몹시 분주하고 스트레스도 많기 때문에 행동을 바꾸기가 갑절로 힘들 수 있다. 게다가 부담감 때문에 컨디션이 더 나빠져 의욕을 쉽게 상실할 수도 있다. 이런 시기에는 자신의 목표를 일단 염두에 두고 무사히 일상 보낸 다음에, 안정되면 다시 카운트하면서 시작하는 편이 낫다.

03 DAY
이 일상의 틀을 깨면 얻게 되는 것

다음은 당신이 도전을 완수하는 데 반드시 필요하고도 중요한 일들이니, 종이에 적어두고 틈틈이 상기하기 바란다.

≫ 당신을 욱하게 만드는 분노 유발 요소들을 목록으로 작성하자. 일상 속에서 당신의 화를 부르는 모든 일을 기록하고 이를 가족들과도 공유하고 상의하자.
≫ 유난히 비판적으로 굴거나 예민해질 때가 언제인지 생각해보고 그 시간대를 목록으로 만들어두자.
≫ 변화를 위해 지금까지의 일상의 틀을 깨면 무엇을 얻게 되는지 구체적으로 적어보자.
≫ 비상시를 대비한 메모를 해두자. 긴급 상황에서 당장 전화를 걸 수 있는 사람은 누구인지, 몸과 마음의 안정을 찾는 데 도움

되는 것으로 무엇이 있는지, 또 '대체 내가 이 도전을 왜 하고 있지'라는 의문이 들 때 동기부여가 될 만한 문구를 적어두자.
» 당신이 지금 바꾸려는 것들을 가족 모두가 한눈에 볼 수 있도록 써서 주방에 걸어두자. 아이들이 직접 글씨를 쓰고 그림을 그려도 좋다.

어떤 계획을 구상하고 있는가

목표 달성을 위해 당신이 현재 구상하고 있는 계획은 실행 가능성을 현실적으로 가늠할 수 있는 상태여야 한다. 무엇보다 스스로에게 과도한 부담을 지우지 않되('반드시 혼자서 해내야 해'), 교묘하게 자신을 기만해서도 안 된다는('뭐, 하루 한 번 정도 꾸짖는 건 괜찮지') 사실을 명심하자.

당신의 아이를 도우미로 만들어라

아이들은 누군가와 '함께' 변화를 일으키는 데 크나큰 기쁨을 느낀다. 내가 이 도전을 할 당시 당시 여덟 살이었던 나의 아들도 그랬다. 아이는 내가 막 화를 내기 시작하면 신속하게 나에게 '심호흡'을 권했다. 곁에 서서 숨을 가쁘게 쉬는 시늉을 하며, 내가 호흡에 집중할 수 있도록 격려해줬다. 그리고 나서 우리 둘은 마지막에 실컷 웃곤 했다.

당신의 아이에게도 당신을 도울 기회를 주자. 마음 챙김 명상을 아이와 함께 연습하거나, 공동의 암호말을 만들거나, 모두를 위한 알림 메모를 같이 만들어 걸어보자. 그러다 보면 아이들에게도 변화가 나타날지 모른다. 이를테면 혼자서 해야 할 일을 척척 해내거나, 집안일에 조금 더 협조적이거나, 예전보다 시간을 더욱 잘 지키게 될 수도 있다. 21일 프로젝트를 완수하면 어떻게 축하 파티를 벌일지도 가족들과 함께 상의하여 미리 약속을 정해두자.

또 도전 기간 동안 그날그날이 어땠는지, 마련해둔 수첩에 간략하게 적어놓자. 단 한두 줄만으로도 충분하다. 대신 가능한 한 꾸준히 기록해두자. 물론 이런저런 사정으로 며칠을 건너뛰었더라도 괜찮다. 중단된 지점에서 다시 시작하면 된다. 밀린 일기를 쓰듯이 빠뜨린 지난날들을 뒤늦게 채워 넣을 필요는 없다. 그러면 괜히 불필요한 스트레스만 자초하게 되며, 어쩌면 '어차피 불가능한 도전이었어'라며 아예 모두 그만두고 싶을지도 모른다. 그러므로 잠깐의 휴지 기간이 있었더라도 크게 신경 쓰지 말고 계속 이어가자.

1. 모든 과정 신뢰하기

목표에 도달하려면 포기하지 않고 끝까지 버티는 게 중요하다. 다시 말해 시계태엽 장치처럼 엄격하고 치밀하게, 자신이 정한 여러 연습을 수행하고 모든 계획을 흔들림 없이 견지하며 무엇이 어떻게 되어가고 있는지 늘 들여다봐야 한다는 뜻이다.

'지금 꼭 마음 챙김 연습을 해야 하나? 빨리 샤워부터 하고 싶은데.'

가끔 이런 생각이 들더라도 스스로 약속한 대로 가자. 단 3주면 된다. 왠지 점점 힘들게 느껴진다면 이렇게 이야기해주자.

'7일만 더 버텨보자. 그때 가서 완전히 그만둬도 되니까. 일단 21일을 채우고 나서 어떻게 되나 한번 보자.'

습관을 바꾸기 시작하면 처음에는 너무나도 힘들고 고통스럽기까지 하다. 하지만 하루하루가 지날수록, 스스로 변화를 감행한 습관들은 차차 쉽고 가벼워진다. 이는 시간이 흐를수록 우리 두뇌가 점점 더 탄력적으로 루틴을 학습하기 때문이다. 그렇게 당신은 어느 날 문득 이 세상을, 자기 자신을, 그리고 당신의 아이를 전혀 다른 눈으로 바라보게 될 것이다. 이 모든 과정은 신뢰할 가치가 있다.

2. 옛것보다는 새것

오래된 습관을 버리는 일보다 뭔가 새로운 것을 습관으로 들이는 일이 훨씬 쉽다. 따라서 꾸짖는 습관을 줄이려고 애쓰지 말자. 또한 분주한 일상을 애써 줄이려 하지도 말자. 그러는 대신 차라리 뭔가 새로운 걸 배워 몸에 익히자!

가령 우리 두뇌는 스트레스 상황에서 질문을 던지고 이해하려 드는 것보다, 심호흡을 되풀이하며 더 이상 화나지 않는 상태에 접어드는 편이 더욱 쉽고 간단하다. '적당한 숙면 취하기'나 '하루 한 번 산책 가기' 등을 습관으로 들이면 비교적 수월하게 몸에 익는다. 우리의 마음도 뭔가를 제거할 때보다 무언가 새로운 것을 얻어들일 때 한결 편안하고 가벼워진다. 그러니 스스로에게 새롭고 좋은 습관을 '선사'하면서, 옛것은 저절로 사라질 거라는 확신을 품도록 하자.

3. 동기부여를 조력자로 삼기

도전을 진행하다 보면 언젠가 당신의 뇌는 저항 신호를 보낼지 모른다.

'잠깐, 대체 우리가 왜, 새로운 뉴런 연결망에 이렇게나 많은 에너지를 소모해야 하는 거지? 꼭 그럴 필요가 있나?'

인간의 몸은 대단히 효율적인 체계를 갖추고 있다. 그러므로 두뇌와 정신이 새로운 궤도를 따라 돌도록 만들고 싶으면 이들에게 동기를 부여해야 한다. 가장 좋은 방법은 아이를 덜 꾸짖으면 무엇을 '얻게' 되는지를 항상 확실하게 보여주는 것이다.

내면의 상태에 따라 두뇌와 정신을 자극할 만한 동기는 저마다 다르다. 예를 들면 다음과 같은 것들이 있다.

- 긴장감이 훨씬 덜한 일상을 보낼 수 있다.
- 아이와의 관계가 긴밀해진다.
- 애정은 많아지고 눈물은 줄어든다.
- 자아의식이 고취되고 육아 밖의 생활에 활기가 생긴다.
- 스트레스를 덜 받아 훨씬 건강해진다.
- 아이가 보다 강인하고 창의적으로 자란다.
- 가족 간의 유대가 강화된다.
- 새로운 기쁨을 맛보게 된다.
- 말과 행동에 대한 통제력이 향상된다.

이처럼 도전을 통해 얻게 되는 것들을 목록으로 작성하여, 잘 보이는 곳에 걸어두고 매일 아침마다 쭉 읽어보자. 당신이 더 이상 통제를 잃지 않고 중심을 잡으면서 살게 되면, 몸과 마음이 얼마나 여유로워지며 얼마나 큰 효능감을 느끼게 될지 날마다 머릿속으로 생생하게 그려보자.

고정관념이 당신의 도전을 방해할 때

만약 내면에서 격렬한 저항이 활기를 띠고 돌아다니는 것 같다면, 마음속에 숨은 삐딱한 고정관념들을 털어낼 때다. 가슴속의 말들을 솔직하게 꺼내 들여다보자.

'원래 우리 집 사람들은 다 시끄러워. 에너지가 넘쳐흐르는데 뭘 어쩌겠어.'

'자고로 애들은 엄격하게 가르치는 거야. 그게 진짜 제대로 된 교육이지.'

'당장 뭐가 바뀌어야 말이지. 이런다고 뭐가 달라지겠어.'

'어차피 난 해내지 못할 거야.'

당신의 도전에 제동을 거는 이런 낡은 관념들을 마음속에서 발견했다면 다음과 같이 시도해보자.

먼저 '어차피 난 해내지 못할 거야' 같은 고정관념의 문장을 적어보자. 그리고 이 문장을 반대로 뒤집어 '개인적'이고 '구체적'이며 '현실'을 반영한, 새로운 신조를 담은 문장으로 바꾸어본다. 여기서 주의할 점이 있다. 보통 새로운 문장을 생각해내면 '나는 결국 해내게 될 거야' 같은 미래형을 쓰게 되는데, 그러면 두뇌는 당신이 '나는 ……하게 될 거야!' 단계에 영원히 머물기 원한다고 전제하게 된다.

그러니 다음과 같은 식으로 써보자.

'나는 해낸다.'

그런 다음 당신의 뇌가 정서적 닻을 내리며 하나의 이미지를 그릴 수 있도록, 새로운 신조를 아름답게 '꾸미면' 된다.

'나는 고요한 하루를 즐긴다. 그리고 나의 호흡과 연결된 감정을 섬세하게 느끼며 차분한 순간을 누린다. 나는 아이에게 언제나 귀를 기울이며, 힘들고 어려운 상황들도 사랑과 평온으로 침착하게 풀어간다.'

당신의 마음속에 '나는 모두를 위해 언제든 어디에나 있어야 해!'라는 고정관념이 박혀 있다면, 그러는 동시에 누군가 선을 넘은 행동을 할 때마다 절망적으로 내적 비명을 지른다면, 다음과 같은 신조를 써둘 수 있다.

'나는 애정과 공감이 가득한 마음으로 나만의 경계를 긋고, 그 안에서 균형을 유지하는 삶을 누린다. 이는 나를 위해 그리고 우리 가정을 위해 최선의 길이다.'

이렇게 하면 당신의 두뇌는 새로운 신조에 바탕을 둔 하나의 '표상'을 그리고, 이에 따른 새로운 행동 양식도 학습하게 된다.

동기부여 솔루션

변화를 가로막는 고정관념 버리기

당신의 도전을 막아서고 방해하는 낡은 생각들을 모두 적어보자. 예를 들면 이런 것들이다.

'나는 원래 자제력이 없어.'

'나는 마음이 그다지 여유로운 사람이 아니야.'

'우리 집은 늘 스트레스가 가득해서 도저히 내가 손쓸 수 없어.'

그런 다음 이 문장들을 앞에서 설명한 방식에 따라 뒤집어보자. 개인적이고 긍정적이며 현실적인 문장으로 쓰되 고유의 감정도 반영한다. 그렇게 만들어진 새로운 신조를 매일 아침 집중해서 하나하나 읽어보자.

여기서 꼭 주의할 사항이 있다. 내면에 형성된 부정적인 태도로 동기가 무너지지 않도록 조심해야 한다. 판에 박힌 부정적인 생각은 내면에 단단히 고착되어, 줄곧 부정적인 마음 상태를 고수하도록 이끄는 경향이 있다. 이는 우리가 그런 상태에 익숙해졌기 때문이기도 하지만, 걸핏하면 부정적인 방향으로 마음을 돌림으로써 또 다른 '안락함'을 얻기 때문이기도 하다.

스트레스는 습관을 넘어 '합당화'의 이유가 될 수도 있다.
'내가 미치겠는데 큰소리 좀 칠 수 있지 않나?'
이런 생각 구조가 내면에 자리 잡고 있다면, 우리의 정신은 다음 질문에 대한 답을 마지못해 포기하고 만다.
'나를 중요하게 만드는 건 뭐지?'
'내가 받은 스트레스를 어떻게 풀어야 할까?'

정신과 영혼으로 가닿는 길들은 한데 엮여 있다. 우리 안의 강렬한 저항과 맞서 싸워야 한다는 걸 알아차리면, 내면의 잘못된 평가의 원인이 어디에 있는지도 파악하게 된다.

한 노부인이 손주와 함께 불가에 앉아 있다. 멍하니 불꽃을 바라보며 그녀는 말한다.

"나는 말이야, 가끔 내 심장 속에 두 마리의 늑대가 살고 있는 기분이 든단다. 한 마리는 어둠의 늑대로 두려움, 불신, 절망을 지닌 악한 늑대야. 그리고 다른 한 마리는 밝음의 늑대로 의욕, 희망, 생명력, 사랑을 지닌 선한 늑대지. 두 늑대는 종종 서로 싸움을 벌인단다."

손주가 그녀를 보며 묻는다.

"그럼 둘이 싸우면 누가 이기나요, 할머니?"
노부인이 답한다.
"내가 먹이를 주는 녀석이 이기지. 주변 환경이 어떻든 상관없이, 우리는 누구에게 먹이를 줄지 마음대로 결정할 수 있어. 그러니 마땅한 늑대에게 먹이를 줘야 하겠지."

이 이야기는 '악한 늑대는 굶어 죽이라'는 뜻이 아니다. 오히려 그 반대로, 선하고 밝은 길을 먼저 생각하자는 의미로 해석하면 좋다. 만일 어둠의 늑대 덕에 날마다 뭔가 유용한 것들을 얻는다면 아무래도 상관없다. 우리 모두는 한낱 인간이다. 나는 말다툼을 하고, 험담을 하고, 두려워하고, 치고받고 싸우고, 불신하고, 절망한다. 하지만 이게 전부는 아니다. 나는 매일같이 가능한 한 많이 웃고, 사랑하고, 농담을 하고, 새로운 걸 시도하면서, 밝음의 늑대에게도 먹이를 주려 노력한다.

당신은 아무런 조건 없이 스스로에게 보상을 해줘도 된다. 스트레스를 받았다고 따로 보상을 할 필요는 없다. 스트레스와 상관없이 자신만의 경계를 그으며 적당한 선을 지키면 된다. 스트레스를 받든 말든 당신은 언제나 변함없이 소중한 존재다. 이유는 따로 없다. 그저 우리 모두가 놀랍고도 아름다운 하나의 인간이기 때문이다.

감정 연습
아이는 당신을 괴롭게 할 생각이 없다

아이에게 잔소리를 하거나 엄하게 야단치면 순간적으로 아이가 말을 듣기 때문에 문제가 잘 풀린 듯 보일 수 있다. 하지만 꾸지람이 지속되면 장기적으로 우리는 다시 헤어나오기 너무도 버거운, 제 무덤을 파는 격이 된다. 그러므로 '감정의 그린존'에 머물도록 노력해보자. 이번 장에서 당신은 그린존이 구체적으로 무엇인지, 부모의 평정심이 육아에서 얼마나 중요한 가치를 지니는지 알게 될 것이다.

04 DAY
엄마의 평정심이 아이의 자존감을 지킨다

"어제 아이에게 장난감 정리 좀 하라고 했더니 단칼에 무시하더라고요. 보통 때 같았으면 미친 듯이 화를 냈을 거예요. 그런데 어제는 욱하지 않고 완전히 평온한 모습을 보였어요. 입에서 욕이 튀어나오려는 걸 알아차리자마자 조용히 홀로 휴식 시간을 가졌죠. 거실 바닥에 널린 장난감들을 그대로 내버려두고, 자리에 앉아서 제 안의 분노가 사라질 때까지 기다렸어요. 그랬더니 제 자신이 정말 자랑스럽게 느껴졌어요! 그리고 놀랍게도, 내내 잔소리를 하며 투덜거릴 때보다 힘이 훨씬 덜 들어가더라고요."

최근 한 어머니가 나에게 들려준 이야기다. 그녀는 평소라면 화를 냈을 상황에 침착함을 택했고 줄곧 '감정의 그린존'에 머물렀다. 그래서 두 아이의 행동에 침착하고 냉정하게 반응할 수 있었다. 이런 반응은 문제를 보다 빠르고 고통 없이, 그리고 효과적으로 풀어내게 한다.

본론에 들어가기 전에 먼저 짚고 넘어갈 것이 있다. 여기서 말하는 '그린존'은 단순히 '침착함을 유지하는 상태'를 뜻하지 않는다. 부모들은 아주 침착한 모습을 보이면서 동시에 아이들에게 겁을 주는 매우 위협적인 말을 할 수도 있다. 이 책에서 말하는 '그린존'이란 '아이와 친밀한 관계를 지속하는 상태'를 말한다. 내면의 평정을 고수하면서 아이와의 관계도 놓치지 않으려면, 입장을 바꾸어 생각하며 아이가 처한 상황을 이해하려 노력해야 한다. 간단히 말해 그린존에 머문다는 건, 마음을 열고 공감하며 긴장이 완화된 상태라 할 수 있다. 무언가 일이 벌어지면 일단 지금 대체 무슨 일이 어떻게 일어난 건지 한번 살펴보자. 무엇보다 아이에게 겁을 주어서는 안 된다. 두려움 속에서는 아무것도 배울 수 없기 때문이다.

레드존에 빠져 있을 때 우리는 종종 자신이 무슨 말을, 어떤 행동을 하는지조차 모른다. 그리고 나중에 가서도 그때 본인이 이런저런 행동이나 말을 했다는 사실을 받아들이지 못한다. 통제를 잃은 부모가 아이에게 위협을 가하고 겁을 주면서 아이를 위축시키면, 아이들은 '협력'하는 게 아니라 그저 '순응'하게 된다. 그리고 부모는 아이와 관계를 맺는 게 아니라 그저 '다스린다'. 부모의 지배와 아이의 복종은 언뜻 쉽고 간단한 수단처럼 보이지만, 이런 방식은 결국 부모 자식 간의 관계를 점차 악화시킨다.

그린존과 레드존 사이에 있다면, 마치 신호등처럼 노란불이 켜진 상태라고 할 수 있다. 이 상태에서는 신경이 살짝 곤두서 있으나 스스로 통제가 가능하다. 따라서 다소 날카로운 상태이지만, 그럼에도 아이들과 인간적인 관계를 유지하면서 문제에 접근하거나 의식적으로 휴식을 선언할 수도 있다.

긴장 완화 솔루션

나를 위한 10초

간단하다. 자리를 잡고 앉아 10초 동안 자신에게 질문을 해보자.

'나는 지금 그린존에 있는가, 레드존에 있는가? 아니면 그 사이 어딘가 아슬아슬한 경계에 놓여 있는가?'

일상에서 순간순간 정신의 '닻'을 내리고 휴식을 취할 수 있도록, 이 의식을 습관화하면 좋다. 욕실 유리창에 메모를 붙여두고 양치할 때마다 생각하는 것도 좋겠다. 아니면 자기만의 약속을 만들어, 신호등 앞에 서 있을 때나 전화벨이 울릴 때 이 질문을 건네기로 정해두는 것도 좋다.

사람들은 일상에서 자신이 얼마나 스트레스를 받고 있는지 감지조차 못 할 때가 많다. 그러다 별안간 폭발하면 '아무것도 아닌 일'로 화를 낸 것처럼 보인다. 실상은 아무것도 아닌 일로 폭발한 것이 아니다. 소소한 훈련을 반복하면, 그린존에서 레드존으로 넘어가기 직전에 켜진 노란 불을 보다 확실하고 빠르게 알아챌 수 있다.

이를테면 이런 식이다.

'지금 나는 심호흡을 위한 잠깐의 휴식이 필요해. 안 그러면 다음번 자극에 바로 레드존으로 들어갈 거 같아.'

잔소리는 '고양이가 나가자마자 식탁 위에서 춤을 추는 쥐들'을 불러일으킨다. 우리가 야단 모드로 돌입하는 즉시, 우리는 아이들과의 긴밀한 관계를 잃는다. 더 이상 눈높이가 같은 동등한 상대가 아닌 종속적인 존재가 되며, 아이들을 진지한 마음으로 상대하지 않게 된다. 지배와 복종 관계가 형성된 상태에서 아이들이 우리 말에 순순히 따르지 않으면, 우리는 원하는 순종을 얻어내기 위해 압력을 더 높일 것이다.

아이는 잔소리를 듣고 협조하지 않는다

혹시 사회에서 만난 사람들에게도 이와 똑같이 말할 수 있는가?

"아, 진짜 지긋지긋해. 도대체 몇 번을 말해야 듣니!"

아마 그러지 못할 것이다. 아이들은 우리가 만나는 모든 사람과 동일한 권리를 가지며, 존중받아 마땅한 존재다. 다만 경험이 없을 뿐이다. 어른으로서 우리의 임무는 때때로 그리 달갑지 않은 결정들을 대신 내려주며 아이들에게 사회적 규칙을 가르치는 것이다. 이걸 야단과 꾸지람으로 가르치려 하면 도리어 우리가 힘들어진다.

연구 결과에 의하면, 통제와 압력 하에서 사회적 규칙을 지키는 아이들은 감시와 감독에서 벗어나자마자 보다 격렬한 '고삐 풀린 망아지'가 된다고 한다. 이런 아이들이 식사 준비를 돕고 자기 방을 청소하며 동생에게 상냥하게 굴더라도, 이는 가족의 일원으로서 '협조'하기 위한(전문가들은 이를 '내적 동기'라 부른다) 자발적인 행동이 아니다. 그냥 누군가 옆에서 보고 있어서, 압박을 가해서, 아니면 보상이 주어질 거라 기대하면서(이는 '외적 동기'에 해당한다) 행동한다.

이는 유쾌하지 않은 결과로 이어진다. 이러한 아이들은 어른이 있는 상황에서만 완벽에 가까울 정도로 말도 잘 듣고 제 역할도 잘한다. 그러나 '고양이'가 집 밖으로 나가면, 억압 속에서 잠시 조용히 숨어 있던 쥐들은 다시 튀어나와 사방팔방을 휘젓게 된다.

다시 말해 보상이나 처벌로 교육받은 아이가 이 사회에 많아진다는 건, 감시가 없는 상황에서도 규칙을 지키는 아이는 점차 더 줄어든다는 뜻이 된다. 어떻게든 아이들은 이런 압력과 통제에서 다시 벗어나려 할 테니 말이다. 아이들도 결국 인간이다. 그리고 모든 인간은 자기 효능감을 필요로 한다. 어떤 문제나 과제를 스스로 해결할 수 있다는, 자신에 대한 신념 또는 기대감 말이다. 아이가 자기 주도적인 삶을 살아가려면 강요가 아닌 자기 확신, 자기 결정에 대한 믿음에 의해 스스로를 통제할 수 있어야 한다. 바로 그 믿음을 길러주는 것이 사사건건 아이의 행동을 교정하는 것보다 백만 배는 중요하다.

05 DAY
기다리자,
강요로는 아무것도 바뀌지 않는다

"무언가가 강요로만 작동한다면 실제로는 전혀 작동하지 않는 것이다."

이 문구는 오랫동안 우리 집 주방에 붙어 있었다. 나는 감정이 폭발할 것 같을 때마다 이 문장을 보며 다음을 상기한다. 아이들이 자발적으로 우리를 돕게 하려면 '복종'을 강요하는 분위기를 형성하는 대신, 보다 많은 시간과 에너지를 투자하는 편이 훨씬 가치 있다고 말이다.

그럼에도 가끔은 화를 내도 괜찮지 않을까? 우리도 결국은 인간이지 않은가! 누군가는 이런 생각을 할 수도 있다. 덴마크의 가족 심리 치료사이자 베스트셀러 작가인 예스퍼 율Jesper Juul은 실제로 한 인터뷰에서, 한 번쯤은 자녀에게 호통을 쳐도 된다고 언급한 바 있다. 그것 또한 '진짜' 감정이기 때문이다.

한편 작가 틸 라테르Till Raeter는 이렇게 말했다.

"하지만 나는 아이들에게 소리칠 때 진짜 감정으로 대하는 사람들을 좋아하지 않는다."

그뿐 아니라 기분이 그다지 좋지 않은 날 소리를 지르면 해소되기는커녕 오히려 더 나빠진다. 따라서 틸 라테르의 말은 일리가 있다. 진심에서 우러나와 소리를 치는 건 아이들의 교육에도 별로 도움이 되지 않는다. 엄격하고 단호하게 대응하는 교육 방식은 전문가들이 말하는 '권위주의적' 특징을 지닌다. 아이들은 부모가 품어주고 귀 기울여 들어줄 때 보다 건강하게 성장한다.

부모가 격하게 반응할 때
아이는 무기력해진다

대부분의 부모는 통제를 잃는 것이 그다지 바람직하지 않다는 걸 안다. 통제를 잃는 순간 우리의 내면에서 무슨 일이 일어나는지 자세히 들여다보면, 우리 각자의 어린 시절로 가닿게 될지 모른다.

우리는 흔히 이런 생각을 한다.

'조그만 머릿속에서 어떻게 저런 버릇없는 생각이 나올 수 있지? 이런 무례한 태도를 고치게 하려면 어떻게 해야 할까? 이

건 절대 용납해서는 안 돼. 그냥 넘어갔다가는 폭군으로 자랄지도 몰라.'

"애 말을 일일이 들어줘서는 안 돼."
"어른이 말하면 무조건 '네' 하고 따라야지."
"입 다물고 그냥 엄마가 시키는 대로 해."

우리가 이런 말을 듣고 따르며 자랐다면, 아이를 강인하고 흠 없고 자기와 타인 사이의 경계선을 분명히 긋고 '아니'라고 말할 수 있는 성인으로 키우기가 더 어려운 것이 사실이다. 어쩌면 우리는 '정상적'이고 '건강'하게 성장하지 못했을지 모른다. 따라서 우리가 성장한 방식을 오롯이 인정하기가 쉽지 않고, 때로는 고통스럽기까지 하다. 과거의 우리가 하지 못한 것을 이 조그마한 인간이 해낼 때 우리는 아프다. 그리고 이 아픔이 무의식적으로 생겨날 때, 부모들은 본디 강인하고 온전하며 대담한 자기 아이를 호통과 야단 또는 분노로 망가뜨리는 경향을 보인다. 아이는 그저 보통의 건강한 아이처럼, 사적 경계를 고수하며 자기를 방어하는 행동을 취했을 뿐인데 말이다. 여기서 부모가 격한 반응을 보이면 아이는 무기력해지고 만다.

"몇 차례 깊이 생각한 끝에, 나는 언성을 높이게 만드는 대부분의 동기가 나의 바람에서 비롯되었음을 가까스로 알게 되었다. 내 마음속에 있던 그 바람은 바로, '아이들은 아무런 마찰

없이 부모 말을 잘 듣고 따라야 한다'는 것이었다."

두 아이의 아버지이자 '슈피겔 온라인Spiegel Online'의 부모 상담 코너를 진행하는 작가 테오도르 짐센Theodor Ziemßen은 이렇게 썼다. 그는 자신의 바람이 '지나친 요구'였다 말하며 결론에 이른다.

"토스터, 라디오 알람 시계, 자동차는 말을 잘 들으며 제 기능을 해야 한다. 그렇지만 인간은 아니다. 인간은 자신이 무엇을 원하고 또 원치 않는지, 무엇을 좋게 생각하며 또 나쁘게 생각하는지를 스스로 알아내야 한다. 그러고 나면 이에 따라 행동할 수 있는 용기를 얻게 된다. 지금까지도 나는 다양한 영역에서 나의 한계를 발견하는 일에 열심히 몰두하고 있다. 그리고 거의 매일 새로운 곳으로 방향을 튼다. 그런데 내가 어떻게 아이에게, '디버깅(debugging, 프로그램을 점검하고 오류를 수정하는 작업)' 하고 탐구하고 이해하는 시도를 하지 말라고 요구할 수 있겠는가."

이론상으로는 참 맞는 말이다. 그런데 어린 시절 매번 야단과 호통을 들으며 자란 성인이 자녀를 정반대로 키우기란 몹시 어렵다. 얼마나 많은 노력을 들이든 상관없이, 오래된 전형이 우리 안에 깊이 자리하고 있기 때문이다.

나는 나를 개선할 수 있어

"나는 스스로를 개선해야 해"라고 말하면 별로 도움이 되지 않는다. 하지만 "나는 스스로를 개선할 수 있어"라고 말하면 다르다. 우리 부모들은 새로운 길과 새로운 사고방식을 연습할 수 있으며 또 그래야 한다. 두뇌 안에 비교적 견고히 자리한 회로를 다르게 조직할 수 있다. 인간의 두뇌는 평생 동안 학습하기 때문이다. 또한 일상 속에서 이전과 다르게 생각하는 방법을 학습할 수도 있다. 새로운 시도를 계속해서 연습하면 가능하다. 이 연습은 누군가 대신해줄 수도 없고, 오로지 홀로 해내야 한다. 하지만 결코 혼자는 아니다. 다른 부모들과 연대하여, 서로 상의하고 동행하고 코치하고 지원하며 함께 나아갈 수 있다. 다시 말해 '우리' 손에 달려 있다.

아이를 폭군으로 기를 생각이 없다는 데는 모두가 동의할 것이다. 그런데 한 가지 미심쩍은 부분이 있다. 평범하고 정상적인 아이가 어떻게 행동하는지에 대한 명확한 표상이 없다는 것이다. 제일 먼저 이걸 세워야 한다.

엄밀히 말해 아이들은 작은 어른이 아니다. 파트 1에서 다루었던 쿵족 사람들은 '아이들에게는 이해력이 없다'고 말한다. 여기에는 자녀를 대하는 쿵족의 태도가 담겨 있다. 즉 이들 부족은 아이들에게 공감이나 배려 또는 멀리 내다보거나 도우려는 마음가짐으로 행동하기를 기대하지 않는다. 대신 이를 직접 아이들에게 가르친다. 매일매일, 한 걸음, 한 걸음. 이렇게 시간과 에너지를 낭비해도 괜찮을까? 괜찮은 정도가 아니라 충분히 그럴 만한 가치가 있다.

아이가 인간이 되어가는 과정

전에 나는 소아정신과 전문의 올리버 디에르센Oliver Dierssen에게, 감정의 그린존에 머무는 것이 어떤 이유에서 가치가 있는지 물어본 적이 있다. 그는 이렇게 답했다.

"그게 가치가 있고 없고의 문제일까요? 그린존에 머무는 건 도덕적으로 올바른, 당연한 행동이라고 생각해요. 낯선 사람에게 무언가를 요구할 때, 욱하면서 거칠게 행동하는 사람은 없잖아요!"

맞는 말이다. 우리는 낯선 이에게, 제발 "안녕하세요!"라고 인사하라며 고함을 치지는 않는다. 또한 아이가 유리컵을 넘어뜨리거나 유리창을 깨뜨렸다고, 낯선 사람이 우리 아이에게 큰 소리를 치도록 놔두는 일도 없을 것이다. 그럼에도 많은 부모가 아주 오랫동안, 자녀에게 크고 높은 목소리로 격렬하게 문책하는 걸 자신의 마땅한 권리라 여겼다. 이렇게 매번 야단을 맞는 아이들이 과연 강인하고 건강한 성품을 지닐 수 있을까? 아이들이 번번이 "너 때문에 정말 못 살겠다" 같은 말을 들으며 스스로 충분치 않다는 느낌을 받는다면, 부모가 늘 부끄러워하고 억누르려 한다면, 건강한 내면을 형성할 수 있을까?

> 강하고 자유로우며
> 유대 관계가 원활한 인간을 원한다면,
> 무엇보다 꾸지람이 없어야 한다.

꾸지람이 없을 때 아이들은 더욱 잘 배운다. 보다 창의적이고 사회적이며 개방적인 사람이 된다. 요약하면, 아이들의 내면에 잠재되어 있던 온전한 인간으로 자랄 수 있다.

아이에게 소리를 치는 행위는 절대 사소한 일이 아니다. 아이 입장에서는 크고 힘 있는 인간이 다가와 공격하며 굴복시키는 상황이다. 그리고 아이는 이 거대한 인간을 믿어야만 한다. 부모이기에 의존하고 신뢰할 수밖에 없다. 그런데 믿고 따르는 커다란 인간이 아이에게 소리를 지른다면, 이 조그마한 인간은 두려움에 빠지며 스스로를 방어할 수 없어 완전히 무기력한 상태가 된다. 이러한 공격에 아무도 도우러 달려오지 않으면, 아이는 의지할 곳 없는 세상에 무방비로 내맡겨진다.

"참을 만큼 참았어, 여기서 나가!"
"얼른 그만두지 못해!"
"당장 사과해!"

어린 시절 이런 경험이 있다면 당시의 감정이 어땠는지 여전히 생생하게 기억날지도 모른다. 이는 모두 아이에게 가하는 폭력이다. 그리고 안타깝게도, 언어폭력의 영향은 신체폭력에 결단코 뒤지지 않는다. 그러므로 우리는 사고방식을 근본적으로 바꾸어야 한다.

현대의 부모들은 아이를 위해 정말 갖은 노력을 쏟는다. 자신이 누리지 못한 어린 시절을 선물하기 위해 부단히도 애쓴다. 오늘날 아이들은 어린이 프로그램을 무려 두 시간 동안이나 볼 수 있다. '우리 때'는 상상도 못 한 일이다. 그런데 지금의 아이들은 텔레비전을 끄려고 하면 길길이 날뛰며 리모컨을 우리에게 던지려 한다! 그래도 이건 아니지 않나? 더 이상 참을 수가 없다!

아이의 이런 행동을 탐탁지 않게 여기는 것은 백번 이해가 간다. 당연히 이때 아이는 자신이 방금 사회적 규칙을 어겼다는 사실을 학습해야 한다. 그런데 무엇을 어떻게 해야 이를 제대로 학습할 수 있을까? 사회적 규칙이나 가족 간의 약속을 어긴 아이를 올바로 가르치는 최선의 방법은 무엇일까? 길은 여러 가지가 있다.

가장 좋은 방법은 침착하게 머물며 기다리는 것이다. 우리의 규칙과 약속을 상기시키면서, 동시에 아이의 분노를 진지하게 받아들이자. 아이의 감정을 들여다보며 이해하려고 노력하면서, 아이가 지금 당장 할 수 있는 일이 무엇인지 말해주자.

"그만, 던지는 거 아니야. 그건 위험해. 화가 단단히 났구나. 아홉 살이나 먹었는데 누가 함부로 텔레비전을 끄면 기분이 정말 나쁠 수도 있겠다. 무슨 마음인지 나도 알 거 같아. 하지만 우리끼리 정한 약속이 있잖아. 지금 몇 시야, 하루가 다 끝나가고 있어. 약속한 대로 텔레비전은 끄고, 욕실 가서 양치하고 들어와. 텔레비전은 내일 다시 볼 수 있어."

이는 충동적으로 행동하는 아이에게 보여주기 가장 적절한 반응이다. 텔레비전, 단 음식, 태블릿 게임 등은 아이의 두뇌에 큰 적이다. 그런데 좌절감 또한 크나큰 적이다. 그러므로 우리는 실망감과 좌절감을 스스로 다루는 법을 아이에게 가르쳐야 한다. 더불어 허용 범위가 어디까지인지도 알려줘야 한다. 던지거나 때리는 행동 없이 어떻게 좌절감을 다루어야 하는지, 부모가 본이 되어 보여주는 것이다.

06 DAY
과잉 반응 하지 않기

부모의 과잉 반응은 '인간적'이기는 하지만, 정상적인 아이의 행동에 대한 정상적인 반응은 아니다. 때로 우리는 마치 누군가 우리의 목숨을 노리는 것처럼 반응한다. 이를테면 우리와 같은 공간에 있는 호랑이 하나가 우리를 위협한다고 여기며 그에 걸맞은 행동을 하는 것이다.

다음과 같은 징조가 드러나면 과잉 반응을 보이고 있다는 뜻이다.

>> 눈앞에 있는 아이가 더 이상 조그만 어린아이로 보이지 않고, 맞서 싸워야 하는 적으로 보인다.
>> 거센 위협과 두려움이 느껴진다.

>> 격렬한 스트레스로 인한 신체적 반응이 일어난다. 심장이 급격히 빠르게 뛰고, 목소리가 커지며, 호흡이 얕아지고, 땀이 나며, 근육이 갑자기 수축하여 경련이 일고, 손을 힘껏 움켜쥔다.

>> 극심한 스트레스로 인한 정신적 반응이 일어난다. 더 이상 명료하게 사고하지 못하며, 나중에 가서는 무슨 일이 일어났는지 거의 기억하지 못한다. 그러고 나서 수치심을 느낀다.

>> 당장 그만두게 해야 한다는 충동을 느낀다. 지체 없이 멈춰 세워야 하며, 즉시 돌파하여 끝을 보고 이겨야 한다. 그러지 않으면 뭔가 심각한 일이 벌어질 것만 같다.

>> 자신이 느끼는 위협으로부터 스스로를 지켜야 한다는 강한 충동에 휩싸인다.

>> 경우에 따라, 아이를 끔찍이 사랑하면서도 순간적으로 미워하는 감정이 생기기도 한다.

>> 강한 체벌로 대응해야 할 때가 온 것은 아닌지 스스로 묻게 된다. 자신이 어린 시절 경험한 것처럼 거친 훈육이 필요할지도 모른다고 생각한다.

>> 자신이 이렇게 행동한 데는 아이도 책임이 있다고 생각하거나 이를 직접 말로 표현한다. 즉 자신을 격분하고 불행하게 만든 장본인이 바로 아이라고 간주하는 것이다.

사실 호랑이는 거기에 없다

이 같은 반응은 극심한 스트레스 반응 중 하나이다. 여기서 우리는 한 가지를 확실히 해두어야 한다. 아이는 무례한 행동을 할 수 있다. 하지만 이때 우리가 느끼는 위협은 결코 아이에게서 비롯된 것이 아니다. 우리 아이와는 아무 상관 없이, 우리의 내면에서 무언가가 유발된 것이다. 긴 세월 묵은 감정이 우리 안에서 불쑥 솟아났다고 할 수 있다.

> 누구도 우리의 목숨을 노리지 않는다.
> 그럼에도 우리는 흡사 그런 기분을 느낀다.
> 우리는 마치 삶과 죽음을 가르는 일인 듯이 행동한다.
> 전혀 존재하지 않는 위험을 감지하는 것이다.

우리의 잠재의식에는 우리만이 감지할 수 있는, 호랑이 한 마리가 들어앉은 공간이 있다. 그리고 우리는 이 위협에 맞서 싸운다. 필요하다면 마지막 순간까지!

만약 당신이 이런 막대한 위기감을 느낀다면, 여기 좋은 소식이 하나 있다. 이 위기감을 통해 현실에서 당신이 무엇을 두려워하는지, 어떤 호랑이가 당신의 현실에 자리하고 있는지 찾아낼 수 있다. 정말 중요한 것은 당신이 느끼는 위기감과 두려움은 아이와 전혀 상관이 없다는 사실이다. 아이는 위험하지 않다. 아이는 책임이 없다. 그리고 호랑이는 실제로 거기에 없다!

당신의 아이는 온전히 그리고 전적으로, 당신에게 달려 있는 조그마한 인간이다. 당신의 자녀는 당신의 사랑과 보호를 원하며, 분노와 좌절을 다루는 방법을 당신에게서 배우고 싶어 한다.

바르고 고운 말은 어떤 도움을 주는가

아이가 어릴 때까지는 "너는 여기 남아 있어, 알겠어?" 같은 날카로운 말로 이끌어도 지시한 대로 따른다. 야단을 치면서 장광설을 늘어놓아도 덤덤히 받아들인다. 그러나 크고 나면 상황이 달라진다. 아이는 서서히 내적으로 멀어지고, 나중에는 실제로 멀리 떠나버린다. 그러면 부모는 더 이상 자녀에게 다가가지 못하게 된다. 청소년 또는 성인이 된 자녀와 더 이상 긴밀한 관계를 맺지 못하여 괴로움을 호소하는 부모가 상당히 많다. 아마 자녀들 역시 괴로울 것이다.

> 자녀와의 좋은 관계를 위한 탄탄한 토대는
> 아이가 어릴 때 마련해야 한다.

부모가 아이를 지속적으로 문책하고 작디작은 움직임 하나까지 과하게 제어하려 든다면 아이는 절대적으로 과도한 부담을 느끼게 된다. "허리 펴고 똑바로 앉아!", "식탁에서 팔꿈치 떼라!", "그만해!", "이번이 마지막이야!" 같은 문장들을 끊임없이 듣는 아이는 어마어마한 내적 긴장 상태에 빠진다. 아이의 스트레스 시스템은 꾸준히 활성화되어, 매 순간 조심하게 되고 동시에 경직된다. 아무것도 제대로 할 수 없기 때문이다. 압박이 높아지면 내면의 긴장이 갑작스러운 분노 발작이나 울음 또는 의기소침으로 분출된다. 아니면 아무 이유 없이 다른 아이를 때리기도 한다.

다음에 소개할 연습을 부모들과 함께 시도할 때면 나는 늘 같은 피드백을 받는다. '그래'라는 말은 기분이 좋고, 편안하며, 마음을 열게 하고, 긴장을 완화시킨다. 긍정의 응답으로 인정받는 기분을 느끼게 한다. 반면 '아니'라는 말은 우리를 작아지게 하고 긴장하게 만든다. 즉 부정적인 답으로 인해 우리는 도망가고 싶어지며, 잡다한 생각에 머물게 되고, 불쾌해하며 마음을 닫게 된다. 훈계를 지속적으로 듣는 것은 '아니'라는 말을 지속적으로 듣는 것과 같다. 계속해서 "아니야", "안 돼"라는 말을 듣고 싶은 사람이 어디에 있을까? 어른들과 마찬가지로 아이들도 이런 반응만 들으면 그냥 떠나버리고 싶을 것이다.

긍정 언어 솔루션

그래! 아니! 실험하기

이 책에 소개된 다양한 연습 중 배우자와 딱 하나만 시도해본다면 나는 이 연습을 권한다. 강연을 할 때마다 매번 부모들과 이 연습을 같이 해보는데, 하나같이 크게 놀라며 깨달음을 얻는다.

우선, 배우자와 함께 고요하고 편안한 장소에 자리를 잡고 앉아보자. 그런 다음 눈을 감고 자신의 몸에 집중해본다. 두 발이 따뜻한지 아니면 차가운지, 어깨는 긴장이 풀린 상태인지 느껴보자. 심호흡을 길게 다섯 번 정도 하며 오직 호흡에만 주의를 기울인다. 이런저런 생각이 떠오른다면 그냥 떠오르고 흘러가는 대로 내버려둔다.

이제 당신의 배우자가 '그래'라는 말을 각기 다른 다정한 말투로 열 차례 건넨다. 그런 다음 같은 방식으로 '아니'를 열 번 말한다. 그리고 당신의 몸에서 일어나는 변화를 유심히 관찰한다. '그래'라는 말을 들었을 때와 '아니'라는 말을 들었을 때 몸에서 느껴지는 감각의 차이를 느껴보는 것이다. 긴장이 풀리고 마음이 열릴 때는 언제이고, 긴장감이 올라가는 때는 언제인가?

충분히 느꼈다면 다음엔 배우자와 역할을 바꿔서 해보고 서로의 기분을 공유해본다.

아이가 '정신적 독방'으로 들어갈 때

아이는 '아니'라는 말을 피할 수 없을 때 '내적 망명'을 택한다. 소아정신과 전문의 디에르센은 이를 두고, "아이들이 '정신적 독방 감금' 상태로 빠져 들어간다"라고 덧붙인다. 즉, 어른들의 말에 더 이상 귀 기울이지 않음으로써 수치와 배제로부터 스스로를 보호하는 것이다. 내면에 세운 경계가 끊임없이 침입당하면 아이들은 곧바로 경계를 새로이 세운다. 그러면서 이런 말을 한다.

"몰라, 아무래도 상관없어!"

그래서 다수의 부모가 아이에게 벌을 주고 나서, 더 이상 아이에게 다가갈 수 없게 되었다고 전하곤 한다.

> 꾸지람, 훈계, 호통 대신
> 다른 전략을 찾아보는 일은 충분히 가치 있다.
> 그래야만 우리는 아이와 관계의 끈을 이어갈 수 있다.

지금 우리의 아이는 어리고, 속수무책이다. 그리고 수십여 년 뒤에는 우리 자신이 '늙고 속수무책'인 존재가 될 것이다. 그때 자녀가 우리를 어떻게 대하기를 원하는가? "옷에 흘리지 좀 말아요!", "빨리 좀 해요!", "그렇게 행동하지 마세요!"라고 말하기를 바라는가? 아니면 "기다릴게요, 천천히 하세요.", "힘내요, 할 수 있어요"라고 말해주길 원하는가?

매질보다는 꾸지람과 고함이 나을까?

날카로운 말은 평화로운 순간에조차 자녀와 애정 가득한 관계를 맺을 수 없게 한다. 아이를 돌본다는 말에는 아이를 달래는 일과 아이의 욕구에 반응하는 일이 내포되어 있다. 이들 둘은 절대적으로 필요하다. 아이의 영혼은 곁에 있는 애착 대상에게 얼마나 인정받고 안정을 느끼느냐에 따라 달라지기 때문이다. 그러므로 우리가 언제나 변함없이 애정을 듬뿍 담아, 아이에게 관심을 기울이고 열중하는 것은 필수 불가결이라 할 수 있다. 신경이 곤두서고 화가 나는 순간에도 말이다.

그렇다면 부모의 따뜻한 애정이 아이가 받은 상처를 상쇄할 수 있을까? 극히 제한적으로만 가능하다. 그러므로 부모들은 이따금 다시 통제를 잃더라도, 근본적으로는 애정을 바탕으로 아이들을 다루는 편이 확실히 더 낫다고 할 수 있다.

"부모들이 계속해서 싸우고, 자녀에게 사랑을 주지 않으면서 지속적으로 욕을 하고, 아이를 실패작처럼 여기며 지나친 요구를 하거나 지나치게 통제하면, 결국 신체에 폭력을 가한 것만큼 크고 깊은 상처를 입히게 된다."

베를린 샤리테Charite 의과대학 의료심리학 연구소의 크리스티네 하임Christine Heim 교수의 말이다. 언어폭력은 신체에 가해지는 폭력만큼이나 극심한 상처를 안긴다.

결과는 나중에 또렷이 드러난다

다른 한편으로, 우리가 변덕스럽게 순간순간 욱하는 행동은 아이에게 장기적인 손상을 가할 수 있다.

"지금까지의 연구는 발달 초기의 심리적 외상, 즉 트라우마가 스트레스 호르몬 시스템의 조절 능력을 지속적으로 떨어뜨리며 심리 장애에 대한 취약성을 높일 수 있음을 지적한다."

하임 교수는 이렇게 말하며 다음과 같이 부연한다.

"하지만 이 같은 문제 제기를 철저히 분석하려면 보다 장기간의 연구가 필요해 보인다."

이 연구의 결론을 보지 않아도 우리는 적어도 한 가지는 분명히 말할 수 있다. 즉 발달 초기의 스트레스는 예방하기가 더욱 수월하며, 미리 방지해야 한다는 것이다. 이른 시기에 스트레스에 자주 노출되면 나중에 가서 아이가 더욱 힘들어하기 때문이다.

특히 사춘기의 자녀들은 부모의 날카로운 비난을 훈계나 문책으로 여기기보다 본인의 자기 가치감을 향한 공격이라고 생각한다.

한 연구에서 저마다 다른 사회 계층에 속하며 인종적 배경도 각기 다른 13~14세 청소년과 그들의 부모 약 천 명을 대상으로 설문 조사를 진행했다.

부모들에게는 이런 질문을 건넸다.

'지난해 당신은 자녀가 말을 듣지 않거나 뭔가 잘못된 행동을 했을 때, 고함이나 호통, 욕설이나 비방, '어리석다'거나 '게으르다' 등의 표현을 아이에게 얼마나 자주 했는가?'

조사 결과 45퍼센트의 엄마와 42퍼센트의 아버지가, '그런 행동을 자주 보였다'고 답했다.

다양한 변수를 바탕으로 이 조사 결과를 분석한 결론은 다음과 같다.

》 청소년기 자녀에게 고함을 치거나 욕을 하거나 조롱을 하면,

문제 행동과 우울증의 발생 건수는 증가한다.

》 이런 아이들은 비난과 공격에 노출되지 않은 아이들보다 자기 가치감이 훨씬 낮다.

》 부모가 아이들을 평소에 따뜻하게 대하든 말든 상관없이, 호통이나 비방 또는 조롱의 효과는 동일하게 나타난다.

연구를 진행한 저자는 다음과 같이 간략하게 요약한다.
"청소년기 아이들은 본인의 행동에 대해 애착 대상과 이성적으로 대화를 나눌 수 있는 상태이기 때문에, 이들의 눈에 고함과 호통은 거부와 경멸의 신호로 보인다."

이 같은 해석은 청소년기 자녀들이 스스로 부모로부터 거부당했다는 느낌을 받게 하며, 부정적인 자아상과 낮은 자제력을 지닌 아이로 이끈다. 그로 인해 아이들은 의지할 곳 없이 외로움에 빠지며, 친구와의 접촉을 기피하고, 어린 나이에 일찍이 우울감에 자주 가라앉을 수 있다.

이 악순환을 돌파할 분명히 길은 있다. 첫 번째 단계는 출구가 우리 손안에 있음을 깨닫는 것이다.

규칙과 경계 설정하기

아이가 잦은 비판을 들으며 아무것도 제대로 못 한다는 기분을 느끼고, 계속해서 과소평가되거나 상처를 받을 때("너는 항상 이 모양이야", "너는 절대 안 돼", "이 조그만 게 어디"), 자신에게 맞지도 않고 원하지도 않는 일을 해야 할 때("이모한테 뽀뽀!", "글씨는 오른손으로 써야지!"), 자신의 심정을 이해받지 못할 때("이게 그렇게 난리 칠 만한 일이니!") 비로소 수치심을 느끼는 인간이 생겨난다. 이들은 자라서 다시금 자신의 아이들을 부끄럽게 여기게 된다. 자기 가치감이 매우 불안정하게 형성되었기 때문이다. 이와 반대로 아이들이 스스로 인정받는다는 기분을 느끼면 셀 수 없이 많은 긍정적인 효과를 얻게 된다. 여러 연구와 일상의 경험을 통해 우리는 이런 아이들이, 부모가 그러하듯 따뜻하고 진심 어린 태도로 자신의 부모를 대하고 문제 행동이 훨씬 적은 아이로 성장하며, 세상에 나가서도 보다 능숙하게 자기 길을 찾아낸다는 걸 알고 있다.

여기에 덧붙여 아이들에게 지켜야 할 규칙을 상기시키고, 넘어서는 안 되는 경계를 설정하는 것도 중요하다.

"엄마(아빠)는 네가 음식을 바닥에 내팽개치는 걸 좋아하지 않아."

"목욕이 끝나면 네 물건은 스스로 정리했으면 좋겠어."

아이들이 부모로부터 거부당하는 느낌을 받지 않고 부모의 반응이 타당하다고 느끼면, 부모가 가리키는 규칙과 경계에 더욱 귀를 기울이게 된다. 가령 유리컵이 떨어진다고 소리를 지르는 행동은 과하다. 하지만 어린 동생이 물에 빠졌을 때 크게 울부짖는 건 과하지 않다. 일반적으로 우리의 '반응'은 우리의 '가치'와 일치한다는 사실에 늘 주의를 기울여야 한다.

> 자녀들에게 그리고 우리 자신에게
> '우리 모두가 같은 길을 가고 있으며 여전히 배우고 있다'고,
> '그러므로 아무 문제 없다'고 말해주면
> 우리는 많은 걸 바꿀 수 있다.

부모 자신과 아이를 있는 그대로 사랑하고 자신도 아이도 때론 잘하고 때론 그렇지 못하다는 걸 시인할 때, 안정적인 자기 가치감이 형성된다. 떠오르는 감정을 진지하게 받아들이고 경계를 또렷이 인지할 때, 강인하고 감정 이입이 뛰어나며 용감한 인간이 자라난다. 우리 안에서, 그리고 아이들의 내면에서 말이다. 또한 아이들은 그들의 아이들에게 이를 전달할 것이다. 애정의 선순환이 이루어지는 것이다. 우리는 그 시작을 바로 지금, 여기서 일굴 수 있다.

07 DAY
아이 마음 다치지 않게
거절하는 법

꾸지람을 주제로 다루는 다수의 육아 서적은 부모가 '스스로를 통제하는 방법론'에 방점을 찍으며 이를 매우 중요시한다. 나의 강좌와 세미나를 찾는 부모들은 '이론적'으로는 완벽하게 알겠으나 그럼에도 '실제'에선 통제를 잃어버리곤 한다고 하소연한다.

그러므로 나는 일단 스스로를 통제하는 데 초점을 맞추지 말라고 하고 싶다. 우리가 얼마나 자주 야단을 치는지, 얼마나 크게 소리를 치는지, 또는 다시 '제정신'으로 돌아오기까지 얼마나 오래 걸리는지 등을 일일이 들여다보지 말자. 그 대신 문제가 도대체 어디에서 왔는지 살펴보자. 문제의 근원에 다가가 이를 개선하려 노력한다면 그 문제도, 우리의 삶도 가벼워질 수 있다! 따라서 이 책에서는 누가 얼마나 크게 고함을 지르는지 자세히 측정하지 않을 것이다. 우리가 얼마나 빈번하게, 얼마나 큰 목소리로 호통을 치는지는 중요하지 않다. 단지 원인을 들여다볼 것이다. 그리고 그 원인은 스트레스다. 이 스트레스는 다양한 영역과 층위에서 발생하므로, 근본적으로 대처할 토대가 필요하다.

'No'라고 말하는 법 배우기

'No'라고 말하기는 그린존에 머무는 데 필요한 아주 기본적인 능력이다. 우리가 어떤 일이나 임무에 늘 'Yes'라고 답하면 다른 일이나 임무에게는 'No'라고 말해야 한다는 뜻이 된다. 그런데 우리는 이를 종종 잊어버린다. 다시 말해 학교에 가져갈 쿠키를 구워주겠다고 수락하면, 그날 저녁 놀아달라는 아이 앞에서는 고개를 가로저어야 한다. 그러므로 자신이 무엇을 원하며 또 감당할 수 있는지를 항상 분명히 해야 한다. 우리의 에너지는 지극히 한정적이기 때문이다.

캐나다 작가 오리아 마운틴 드리머Oriah Mountain Dreamer는 이렇게 말한다.

"우리의 스케줄에 들어맞는다고 모두 실행 가능한 것은 아니다."

이 같은 깨달음은 우리가 덜 허둥대고 덜 지치며, 덜 아프고 스트레스를 덜 받도록 도와준다.

첫 번째로 '나는 완벽할 필요가 없다'는 것을 확실히 염두에 두어야 한다. 인간은 실수를 저지르게 마련이다. 그러므로 빨리 만회하려고 자신과 아이들을 다그치지 않아도 된다. '만회하거나 갚아야 할 것이 하나도 없다'는 생각에서 출발하자. 동료든 상사든 가족이든 친구든, 그들에게 무리해서 친절과 호의를 베풀려고 억지로 에너지를 쏟을 필요가 없다. 그리고 자신의 감정을 스스로 결정할 수 있다. 예를 들어 바로 지금 우리 내면에 노란 불이 켜졌다면, 아직 처리하지 못한 전화 통화 하나는 다음으로 미루어도 된다. 이 모두를 해내려면 우리는 호의적이되 분명하게 'No'라고 말하는 방법을 배워야 한다.

공감을 표하며 안 된다고 말하기

사람들은 다른 사람에게 실망이나 상처를 주고 싶지 않아서, 거절보다 상대의 요구를 들어주는 데 더 익숙하다. 이를 어떻게 바꾸어갈 수 있는지 한번 살펴보자.

1. "듣고 있어. 그래, 네 맘 알아"

우리는 타인을 바라보며 그의 부탁이나 요구를 이해하려 한다. 하지만 이 모두를 온전히 수용할 수는 없다. 혹여 우리가 그 부탁을 들어줄 수 있더라도, 일단은 스스로가 기꺼이 원해야 한다. 충분히 해낼 수 있는 일이더라도 이유 없이 '그냥' 하기 싫을 수 있다. 이는 우리의 당연한 권리다! 동물원에 가고 싶지 않은가? 그렇다면 유치원 모임의 다른 누군가가 대신 동행하면 된다.

만약 누군가가 당신의 뜻에 반하며 고집을 부린다면 호의적이고 다정한 태도로 일관하자.

"그래요, 받아들이기 힘들겠죠. 저도 무슨 마음인지 이해해요."

상대방에게 공감하는 태도를 유지하되, 자신에게도 감정 이입을 하자. 다시 말해, 힘들어도 'No'라고 말해야 한다.

이런 식으로 아이들에게도 갈등 없이 'No'라고 말할 수 있다.

"나 텔레비전 계속 봐도 돼? 이따가 진짜 재미난 프로 하는데!"

아이가 물으면 이렇게 답해보자.

"그렇구나, 그걸 보고 싶은 네 마음은 이해해. 하지만 오늘은 이미 충분히 봤잖아."

"제발!"

"네 말 듣고 있어. 그래도 지금은 안 돼. 그나저나 어떤 프로그램인데 그렇게 재미있어?"

"완전 웃긴 아저씨가 나와!"

이때 우리는 아이와의 정서적 교류를 유지하면서 프로그램에 관한 대화로 옮겨갈 수 있다. "안 돼!", "제발!" 하고 끊임없이 도돌이표되는 언쟁에서 벗어나는 것이다.

2. "나중에 답해도 될까?"

분주하고 정신 없는 상황에서 아이가 갑자기 뭔가를 요구하면 우리는 어쩔 수 없이 스트레스에 빠지게 된다. 방금 장을 어마어마하게 보고 마트에서 간신히 빠져나왔는데, 큰아이가 갑자기 이번 주말에 친구 다섯 명을 집으로 데려와 같이 자도 되냐고 묻는다. 소란스런 사내아이 다섯을 주말 동안 돌보는 일은 분명 버겁다. 이런 순간에는 결정을 내리는 것 자체가 너무도 부담스럽다.

그렇다면 이렇게 말하자.

"그건 생각을 좀 해봐야겠는데…… 지금 말고 나중에 답해도 될까?"

그러면서 결정 단추를 당장 눌러야만 한다는 부담을 스스로 내려놓자. 아이들은 이를 빠르게 학습한다. 어른들 또한 이를 학습할 수 있다. 여기에서 중요한 것은 신뢰다. 결정을 마냥 미루지 말아야 아이들이 부모를 믿고 기다릴 수 있다.

3. "그거 정말 멋진 생각이다"

우리 집 아이들은 종종 이런 말을 한다.

"나한테 좋은 아이디어가 떠올랐어!"

그럼 나는 이렇게 답한다.

"난 아이디어를 사랑해!"

그러고 나면 아이들은 엉뚱하고 무모한 것들을 제안한다. 이를테면 저녁 식사 한 시간 전에, 잠깐 동물원을 다녀오자고 말한다. 여기에 나는 진지하고 성실하게 대답한다.

"그거 정말 멋진 생각이다. 나도 지금 동물원에 가고 싶은 마음이 간절해. 그런데 말이야, 우리 모두가 서두르지도 않고 지치지도 않으면서 한 시간 안에 무사히 다녀올 수 있는 아이디어가 혹시 있니?"

이런 식으로 일단 아이들의 아이디어를 존중한 다음, 그 아이디어가 왜 실현될 수 없는지 함께 머리를 맞대어 고민한다. 그리고 경우에 따라 뭔가 다른 길을 모색하기도 한다.

4. "안 돼"

다양한 거절의 표현 가운데 최선은 직접적으로 말하는 것이다. 단, 잠시 생각을 하고 나서 아이를 바라보며 최대한 부드럽고 상냥하게, 간단명료하면서도 다정한 투로 말해주자.

08 DAY
의식적인 호흡 연습하기

"가끔 저는 거의 아무것도 아닌 일로 갑자기 분노에 휩싸이곤 해요. 대체 왜 그러는지 저도 이해가 안 돼요!"

만나는 부모들마다 나에게 이런 말을 한다. 다른 건 몰라도 한 가지는 분명하다. 정말 '아무것도 아닌' 일로 분노가 치미는 사람은 없다. 보통은 사전에 이미 스트레스를 받았기 때문이며, 단지 우리가 이를 알아채지 못했을 뿐이다.

우리를 꼼짝 못 하게 만드는 스트레스를 줄이기 위한 두 번째 방법은 '호흡을 들여다보는 연습'이다. 수년 동안 나는 도대체 숨쉬기 운동이 뭐가 그리 대단하다는 건지, 일말의 의문을 가지고 있었다.

'숨쉬기는 모두가 매일 하는 일 아닌가? 뭐 하러 굳이 자리 잡고 앉아서 호흡을 해야 하는 거지?'

어느 날 문득, 어떤 책 속에서 답을 발견하기 전까지는 그랬다. 그 책에는 이런 내용이 담겨 있었다. 무의식적인 행동에 초점을 맞추면 우리의 두뇌는 이 무의식적 행동을 '의식적으로' 하게 된다. 인간은 하루 종일 무의식적으로 숨을 쉰다. 그러면서 자연스럽게 자율 신경계를 조절하는데, 자동으로 진행되는 이 과정을 갑자기 자세히 들여다보기 시작하면, 우리의 두뇌에서 이른바 '무의식적 과정을 의식적으로 인지하는' 영역에 새로운 연결망을 형성하게 된다. 이는 우리에게 굉장히 많은 도움이 된다. 무엇보다 스트레스가 극에 달해 정신을 놓기 시작하는 저녁 무렵에 유용하다. 스트레스를 받는 것 또한 무의식적인 과정을 거치기 때문이다.

우리는 스트레스에 빠졌으면서도 이를 감지하지 못하곤 한다. 집 안이 떠나가라 크게 소리치면서도 혼자서만 본인의 상황을 직시하지 못한다. 이럴 때 의식적인 호흡은 아주 중요한 역할을 한다. 자녀를 키우는 사람이 평생 5만 시간 정도를 명상에 쏟는다는 티베트의 수도승처럼 살 수는 없을 것이다. 그래도 상관없다. 시간은 중요하지 않다. 많은 사람의 경험에 의하면 의식적인 호흡을 하루에 몇 차례만 해도 충분하다는 걸 알 수 있다. 단, 하루도 빠짐없이 날마다 꾸준히 실시해야 한다.

감정 회복 솔루션

다섯 번의 호흡

조용한 곳에 자리를 잡고 편안하게 앉거나 서보자. 그런 다음 숨을 다섯 차례 들이쉬고 내쉬어보자. 반드시 깊이 들이쉬거나 복식호흡을 해야 하는 것은 아니다. 꼭 지켜야 할 것은 없다. 그저 호흡하면서, 여유롭고 유쾌한 마음으로 숨이 들어가고 나가는 과정을 유심히 들여다보는 것으로 충분하다. 이런저런 생각들이 떠올라 집중력이 흐트러져도 괜찮다. 그저 다시 호흡으로 돌아오면 그만이다.

이 연습은 언제든 할 수 있다. 놀이터에 앉아서, 가스레인지 앞에서, 통화 연결음을 들으면서도 가능하다. 중요한 건 매일 하는 것이다. 그래야 두뇌가 의식적 호흡을 위한 연결망을 효과적으로 만들어낼 수 있기 때문이다.

이 모든 변화를 단번에 이루기는 어렵다. 하지만 작고 단순한 루틴을 만들어 매일 조금씩 연습하면 변화는 충분히 가능하다.

Key Point

- 감정의 그린존에 머물면 우리는 내면의 평온함을 느낄 뿐 아니라 아이와 내밀한 관계를 지속할 수 있다.
- 아이들은 유능하지만 경험은 없다. 아이들은 존중받아 마땅한 존재이며, 다른 모든 인간처럼 진지하게 여겨져야 한다. 그렇다고 아이들이 모든 걸 스스로 결정하게 해서는 안 된다.
- 보상이나 칭찬 또는 벌을 통해 올바른 행동을 하는 아이는, 규칙을 학습하는 대신 규칙을 교묘히 다루는 방법만을 배운다.
- 우리가 아이들을 거친 말이나 큰 소리로 야단치지 않으면, 아이들은 내면의 잠재력이 한껏 발전한 인간으로 성장할 수 있다.
- 스트레스에 억눌린 우리는 마치 굶주린 호랑이에게 위협당하는 것처럼 행동한다. 그러나 안심하자. 우리 앞에는 작은 아이 하나가 있을 뿐이다.
- 평상시에 아이를 아무리 다정하게 대한들 이따금 가하는 꾸지람과 호통의 부작용이 상쇄되지는 않는다. 질책으로 인한 결핍을 넘치는 애정이 어느 정도 메워주기는 하나, 이는 지극히 제한적이다.
- 사춘기에 들어선 아이들은 부모의 날카로운 비난을 더 이상 훈계로 받아들이지 않으며, 자신의 자기 가치감을 향한 공격이라 여긴다.
- 모든 건 우리 손안에 달려 있다. 우리는 인간으로서 우리의 존엄과 아이들의 존엄을 해치지 않는 경계선을 제대로 긋는 법을 학습할

수 있다. 더불어 적극적으로 그리고 공감적인 태도로 'No'라고 말하는 방법을 배울 수 있다.
- 우리는 '아무것도 아닌' 일로 폭발하는 대신, 우리 내면에서 무슨 일이 벌어지는지 미리 감지하는 법을 익힐 수 있으며 또 익혀야 한다.
- 의식적인 호흡처럼 내면에 주의를 기울이는 연습은 우리의 두뇌에 새로운 연결망을 만들며, 보통은 5분도 채 걸리지 않는다. 우리 자신을 돌보는 데 이 정도 시간을 들일 가치는 충분히 있다!

에너지 분배
일상에서 정신적 부담 덜어내기

"저는 저녁만 되면 그냥 스트레스가 심해져요!"
많은 부모가 나에게 와서 이런 말을 한다. 하루 종일 아이들을 돌보거나 일터에서 씨름을 하고 나면 다들 지치게 마련이다. 그런 날 저녁에 아이들과 차분하게 앉아 애정이 넘치는 대화를 나누기는 너무도 어렵다. 반면 목소리를 높이기는 비교적 쉽다. 그러므로 정확히 무엇이 우리를 그렇게 피곤하고 지치게 만드는지 살펴본 후, 일상에서 정신적 부담을 덜어내는 방법을 찾아내야 한다.

09 DAY
아이와 '우리만의 루틴'을 공유하는 법

성인은 하루에 대략 3만 5천 개에 달하는 결정을 내린다. 미국 코넬대학교의 한 연구진에 따르면, 사람들은 무엇을 언제 얼마나 먹느냐 같은 사소한 문제만으로 하루 평균 2백 개가 넘는 결정을 내린다고 한다. 그런데 여기에 더해 저녁에 딸이 내일 유치원에 갈 때 반짝이는 원피스를 입을지, 빨간 셔츠를 입을지 묻는다면, 아들이 휴대전화를 움켜쥐며 게임을 한 판만 더 해도 되냐고 묻는다면, 그리고 지금 당장 요리를 해야 하는지, 아니면 얼른 이메일부터 확인하러 가야 하는지 결정을 내려야 한다면, 우리의 신경은 곤두서게 된다.

신경이 날카로워진 이유는 아이들에게 있지 않으며, 단지 우리의 두뇌가 너무 피곤한 데 있다. 심리학에서는 이를 '결정 피로decision fatigue'라 부른다. 결정 피로 상태에서 우리는 잘못된 결정을 내리기가 쉽다. 건강하지 않은 음식을 먹고, 시시껄렁한 TV 프로그램을 보며, 아이들에게 괜히 잔소리를 늘어놓기도 한다.

아이들은 루틴을 좋아한다

성공적인 인생을 사는 많은 사람은 두뇌의 피로로 인한 문제점을 잘 알고 있다. 그래서 일상에서 내리는 결정들을 가능한 한 최소화하여 두뇌의 부담을 줄이려 한다. 이들은 생각할 거리를 줄이기 위해 자신만의 루틴을 만든다.

신경생물학자 게르하르트 로스Gerhard Roth는 「베를리너 모르겐포스트*Berliner Morgenpost*」와의 인터뷰에서 이렇게 말한 바 있다.

"두뇌는 루틴 행동에 보상을 한다. 정해진 루틴은 신진대사 에너지 및 뉴런의 에너지를 극히 조금만 소모하기 때문이다."

우리의 두뇌는 루틴에 보상을 할 뿐 아니라, 새로이 입력된 행동을 가능한 한 빨리 자동화하려 한다. 그리고 새로운 행동이 루틴으로 자리 잡으면 유쾌한 신경전달물질들을 넘치도록 분비한다.

심리학자들은 전 인류의 약 20퍼센트가 지속적인 '기분 전환'을 원한다는 걸 알고 있다. 하지만 절반 이상의 사람은 안정감과 안락함을 보장하는 루틴을 필요로 한다. 그러므로 일상을 보다 단순하게 만들어 한층 안정적인 삶을 누리고 싶다면, 자신에게 도움 되는 루틴을 적극적으로 마련하여 실천해보는 게 큰 도움이 된다.

아이들 역시 의외로 루틴을 좋아한다.

'화장실에 갈 때와 식사 전에는 손 씻기 잊지 말 것!'

이처럼 상황에 맞는 간단한 메모를 붙여두면 아이들도 흔쾌히 따를 것이다.

루틴으로 하루 시작하기

삶을 최대한 단순하게 꾸리려면, 아침 루틴과 저녁 루틴, 청소 루틴 등을 구체적으로 생각해두면 좋다. 예를 들어 아침 루틴은 다음과 같이 정할 수 있다.

- ≫ 평소보다 15분 일찍 일어나기
- ≫ 창문을 열고 따뜻한 찻잔을 손에 쥔 채 심호흡 10회로 내면의 안정 찾기
- ≫ 오늘 하루 감사한 이유를 다섯 가지 정도 떠올리면서 종이에 적어보기

>> 식탁을 차리며 아이들 간식 도시락 준비하기
>> 가족과 함께 아침 식사하기

특히 감사 목록을 작성하는 일은 그날그날 우리의 두뇌를 긍정적인 방향으로 이끄는 데 매우 유익하다(아침마다 수풀 뒤에서 맹수가 나타날까 불안해하며 지켜보는 일상과는 극명히 대비된다).

> 아침마다 두뇌에게 이 삶이 얼마나 감사한지,
> 내 아이가 얼마나 놀랍고 사랑스러운지를 말로 표현하면,
> 하루하루를 한결 여유롭고 열린 마음으로 시작할 수 있다.

이처럼 세상을 장밋빛으로 바라보는 낙관적인 시선은 아이에게도 무척 긍정적인 영향을 미친다. 이에 관한 내용은 뒷부분에서 더 자세히 다룰 예정이다.

식탁을 정리하거나 이부자리를 개라는 말은 다소 진부하게 들릴지도 모른다. 그러나 이러한 사소한 루틴들은 우리 두뇌의 보상 체계를 활성화한다. 뭔가 가시적인 일을 해내면 우리는 왠지 기분이 좋아진다. 이렇게 아침을 시작하면 쫓기는 느낌 없이, 침착하게 아이를 깨우며 아침 식사도 함께 편안하게 나눌 수 있다.

여기에 더해 아이들에게도 루틴이 주어지면 엄청나게 도움

이 된다. 예를 들면 이런 식이다. 아침에 일어나서 바로 화장실 가기, 머리 빗기, 옷 입기, 아침 먹기, 간식 도시락 챙기기, 외투 걸치기, 신발 끈 묶기, 그런 다음 유치원이나 학교로 출발하기!

아침과 점심 그리고 저녁 식사 때마다 집이 떠나가라 큰 소리로 아이들을 일일이 불러 모으고 싶지 않다면, 새로운 방법을 시도해보자. 탁상종이나 꽹과리를 장만하여 밥이 다 되면 크게 치는 건 어떨까? 아이가 쓰는 악기를 아무거나 하나 정해 '우리만의 알림종'을 만든다든지 말이다.

루틴으로 하루 마무리하기

특정 상황이나 시간대에 유독 스트레스가 심하다면, 이 순간의 부담을 덜어줄 수 있는 적절한 루틴을 만들어보자. 다수의 가정이 하루 일과가 끝나는 이른 저녁 시간대에 특히 많이 싸운다. 고된 일상에 지쳐 스트레스 지수가 다들 높아졌기 때문이다. 따라서 각 가정마다 저녁을 무사히 마무리할 수 있는 고유의 루틴을 개발하여 가족 모두가 따르도록 한다면 분명 서로에게 도움이 될 것이다. 예컨대 집에 오면 먼저 손을 씻고, 함께 식탁을 정리하며, 저녁 식사가 준비되는 동안 아이는 잠시 놀아도 된다. 식사를 마친 다음에는 각자의 그릇을 싱크대나 식기세척기에 넣고, 어른들이 남은 음식을 정리하는 동안 아이는 방에 들어가 이부자리를 펴고 잠자리를 준비하는 것이다.

잠자리에 드는 시간대에도 루틴을 세우면 도움이 된다. 많은 아이가 밤늦게까지 화장실에 앉아 만화를 보거나 게임을 하며, 혹은 욕실에 들어가 세월아 네월아 머리를 빗거나 옷장 앞에서 내일 아침에 무엇을 입을지 내내 고민한다. 그럴 경우 루틴을 짜서 반드시 해야 하는 일들을 미리 처리하면 다음 날 아침의 혼돈을 막을 수 있다. 이를테면 이를 닦고 다음 날 입을 옷을 정하고, 책가방에 준비물을 모두 챙겨 넣어 아침에 바로 들고 나갈 수 있도록 만드는 것이다. 여기까지 마치면 잠들기 직전까지 욕실에 앉아 있거나 옷장 앞에 서 있는 시간을 줄일 수 있고, 행여 밤늦도록 시간을 허비하더라도 아침에 허둥대는 상황은 적을 것이다.

루틴으로 실수 방지하기

앞에서 보았듯이 스트레스에 빠지면 우리는 쉽게 실수를 저지른다. 기억을 담당하는 해마의 활동이 둔화되면서, 방금 전에 자기가 열쇠를 대체 어디에다 두었는지, 화요일에 아이와 뭘 하기로 약속했는지 머릿속에 아예 저장하지 않기 때문이다.

계속해서 무언가를 찾거나 잊어버릴 때도 루틴이 도움 된다.

≫ 자꾸만 찾아 헤매는 물건이 있다면 그 물건을 두는 자리를 하나 정해둔다. 예컨대 열쇠는 현관문 바로 옆이나 뒤에 고리를 만들어 고정 자리를 마련하고, 지갑은 현관 서랍장 위에 있는 쟁반에 늘 두기로 하며, 휴대전화와 충전 케이블은 항상 같은 상자에 넣어둔다.

≫ 모든 일은 정해진 때에 한다. 가령 매주 월요일에는 운동을 가고, 일요일 저녁마다 자동차 기름을 채우고, 매월 마지막 날에는 가계부를 정리하는 식이다.

≫ 모든 걸 기록해두는 습관을 들인다. 스케줄을 따로 기록하지 않은 채로 약속을 잡지 않는다.

≫ 생일과 기념일처럼 매년 돌아오는 이벤트는 달력 하나에 모두 적어둔다.

≫ 자주 잊어버리는 일들은 스마트폰의 알람이나 메모 기능을 활용하여 누차 상기시킨다. 아이의 발레 수업, 할아버지 할머니와의 점심 식사, 숙제 점검하기 등. 이 외에도 아이들 낮잠이나 '제시간에 저녁 루틴 시작하기'처럼 간단하고 사소한 일이더라도 상관없다. 할 일이 뒤죽박죽돼서 스트레스받는 일이 없도록 스마트폰을 십분 활용해보자.

≫ 목록을 세운다. 아이들이 체육관이나 발레 수업에 갈 때마다

준비물을 자주 빠뜨린다면, 체육관이나 발레 수업 준비물 목록을 작성하여 현관문 옆에 붙여놓는다. 이런 목록은 머릿속의 부담을 크게 덜어준다.

루틴 관리 솔루션 ①

반복되는 일상 최적화하기

하루 중 가장 분주하고 긴장감이 최고조인 시간대에 당신은 주로 무슨 일을 하는가? 어떤 루틴으로 그 시간대를 보내는가? 일반적으로 어느 시간대가 가장 버거운가? 그 시간에 당신이 처리해야만 하는 일은 무엇인가? 그 일이 어떻게 진행되기를 바라는가?

당신이 바라는 이상적인 일 처리 과정을 생각해보자. 그리고 그 일의 부담을 덜어줄 만한 루틴도 떠올려보자.

자녀들이 아직 어리다면 문자보다는 멜로디가 훨씬 효과적이다. 각각의 루틴에 해당되는 간단한 문구를 노래 형식으로 만들어 부르게 하는 것도 좋은 방법이다.

'멀티태스킹' 대신 '포커스'

두뇌의 부담을 덜어내려면 무엇보다 멀티태스킹을 하지 않는 것이 중요하다. 이유는 명백하다. 우리 인간은 결코 멀티태스킹을 할 수 없기 때문이다.

> 두 가지 일을 동시에 처리할 수 있다는 생각은 일종의 신화다.
> 우리는 이를 해낼 수 없다.

멀티태스킹이라 '오인된' 행동을 할 때, 우리의 두뇌는 두 가지 활동 사이를 그저 빠르게 오가며 계속 전환한다. 언뜻 두 개의 일을 같이 처리하는 듯 보이나 극히 제한적으로만 가능하다. 다수의 연구에서 보여주듯이, 지속적으로 두 가지 일을 동시에 처리하는 사람들은 타인에게 호의적이지 않으며 폐를 끼치기도 한다. 이들은 쉽게 피로해지고 보다 많은 실수를 하며 나중에 가서는 매사에 불평하는 사람이 된다. 그 이유는 두뇌가 몰입에 이르지 못했기 때문이다. 몰입은 한 가지 일에만 집중할 때 발휘되는 상태다. 다시 말해 인간은 멀티태스킹이 아니라 '포커스'가 필요하다. 무슨 일을 하든 가능한 한 이것저것 뒤섞지 말자. 회사 업무를 잠자리에 들고 들어오지 말고, 아이들과 보내는 시간에 SNS 피드를 확인하지 말자.

루틴 관리 솔루션 ②

내가 가장 집중하는 시간대는?

다음을 읽으며 각자 답을 적어보자. 하루 중 당신이 유독 생산적이고 기운이 왕성하며 무엇이든 감당할 수 있는 시간대는 언제인가? 그리고 그렇지 못한 시간은 어느 때인가? 당신이 생각하는 이상적인 하루, 완벽한 일주일은 어떤 모습인가? 각각 떠올리며 자세히 그려보자.

다툼과 갈등이 빈번히 일어나는 시간대를 기록해보자. 그런 다음 해당 상황에 가해지는 압박으로부터 벗어나기 위해 당신이 무엇을 바꿀 수 있는지 그 옆에 적어본다. 예를 들어 '집에 조금 일찍 들어오기', '점심이 지난 오후 무렵에 저녁 식사 미리 준비하기' 등, 약간의 변화가 가능한 일들을 생각해보자.

이어서 당신을 매번 화나게 만드는 '방아쇠'가 있다면 무엇인지 써보자. 이때 분노 말고 다른 반응이 가능하다면 그 옆에 나란히 적어본다. 가령 '조용히 방에서 나가기', '의식적으로 심호흡하기' 등으로 대신할 수 있다.

또 일정을 정리하고 체계화하는 시간도 따로 계획을 세워보자. 예컨대 매주 토요일 점심 식사 이후에 시간을 내어,

다가오는 한 주 동안의 일정을 전체적으로 파악하는 것이다. 아니면 아이들이 모두 잠자리에 든 일요일 저녁도 괜찮다. 장 보기, 세탁소 가기 등도 루틴이 되어 자연스레 반복되면 한결 편해지며, 마찬가지로 집중하는 시간도 루틴으로 만들면 좋다. 예를 들어 금요일 오후나 토요일 오전에는 잠시나마 오로지 내면에만 집중하기로 정하는 것이다. 이런 식으로 일상이 흘러가면 우리의 두뇌는 막대한 부담을 내려놓게 된다.

10 DAY
훈계보다 하이파이브

 당신은 하루의 언제쯤 주로 아이들을 꾸짖는가? 아침? 오후? 아니면 밤마다? 나의 경우 몇 해에 걸쳐, 모두가 피곤에 지치고 배가 고픈 시간대인 오후 6시 무렵이면 '아이들이 본격적으로 우는 시간'에 돌입했다. 그로 인해 스스로 야단과 잔소리 더미에 파묻히지 않으려면 오후 6시 전에 잠자리까지 모두 정돈해 둬야 한다는 걸 오랜 시간에 걸쳐 배우게 되었다. 기나긴 하루를 보내고 지쳐버린 두 아이의 끝없는 칭얼거림과 우는 소리를 더 이상 꾸지람으로 저지할 수도, 감당할 수도 없다는 사실을 깨달았기 때문이다.
 이처럼 우리의 잔소리 폭격을 유발하는 원인이 무엇인지 목록을 만들어보자. 매번 우리를 욱하게 만드는 것은 무엇인지 알고, 화를 내는 대신 다르게 반응하려면 어떤 방법이 있을지 찾아보자.

아이들을 긍정적인 시선으로 바라보고 규칙적으로 깊이 호흡하는 걸 잊지 않으려면, 일상에서 우리에게 이를 꾸준히 상기시켜줄 소소한 도우미들이 필요하다.

'짜증 모드'에서 '감사 모드'로

자녀를 양육하면서 우리는 날마다 판단을 내려야 하는 순간들을 마주하게 된다.

'이제는 정말 제대로 야단을 쳐야 하는 걸까? 아니면 낙서로 도배된 저 벽을 보며 감탄을 표해줘야 할까?'

반응은 두뇌가 어느 쪽으로 향하느냐에 따라 크게 좌우된다. 앞에서 다루었던 '감사 목록'은 삶을 보다 긍정적으로 바라보는 데 도움이 될 것이다.

일상 속에서 아이들과 자기 자신을 '다정한 모드'로 이끌 수 있는 기회는 생각보다 무척 다양하다.

》 하루에 한 번씩 아이를 바라보며 "네가 태어나서 얼마나 기쁜지 몰라"라고 직접 말해주거나 혹은 속으로 생각해보자.

≫ 매일 밤 잠들기 전 아이에게, 오늘 하루가 얼마나 선물 같았는지를 이야기해주자.

≫ 배우자에게도 기적처럼 놀라운 하루를 보냈다고, 응원의 말을 전하자. 이는 감정 이입을 불러일으키는 동시에 심리적 긴장을 줄여준다.

≫ 하루를 복기하면서 더 이상 이런 말들을 내뱉지 말자. '거기까지는 좋았는데 내가 그때 왜 그랬을까. 그렇게 행동하지 말았어야 했는데, 오늘 정말 형편없었어.'

자책하고 비난하는 대신 오히려 자기편에 서서 말해보자. '어떤 면에서 보면 오늘은 기대 이하일 수 있어. 하지만 적어도 오늘 나는……를 했잖아.'

여유가 된다면 자기가 했던 모든 좋은 행동을 헤아리고 기록해보자.

≫ 아이가 '엉뚱한 잘못'을 저질렀다면 그 행동 뒤에 어떤 욕구가 숨어 있는지 생각해보자. 이것을 알아차리고 충분히 공감하면, 아이를 고집스런 반항아로 보는 대신 부모에게 뭔가 중요한 것을 전달하려고 서투르고 어설픈 시도를 감행한 조그마한 존재로 바라볼 수 있다.

부모가 이런 마음을 가지면 한 가지는 확실히 알게 된다. '아이는 우리를 화나게 할 생각이 없다'는 것이다. 아이는 그저 아이이고, 하나의 인간이며, 자기주장을 내세우는 연습을 하면서 새로운 시도를 계속할 뿐이다.

'내가 지금 엄마, 아빠의 말을 무시하면 무슨 일이 벌어질까?'

속으로 이런 질문을 하면서 말이다. 이는 지극히 정상이다. 물론 부모인 우리는 그게 그리 유쾌하지만은 않지만, 우리도 다 그러면서 컸다.

나만의 암호 만들기

암호는 특별하거나 복잡한 것이 아니다. 우리가 늘 반복적으로 말하는 단어나 문장도 일종의 암호말이 될 수 있다. 개인적으로 나는 이를 '만트라 주문'이라 부른다. 꾸지람에 맞서는 나만의 만트라 가운데 하나는 이런 식이다.

'나는 엄마다. 나는 스트레스를 쉽게 허락하지 않을 것이다.'

부모라는 역할은 하늘 아래 가장 중요한 임무 중 하나이며(우리는 내일의 어른을 키워내는 중요한 임무를 맡고 있다!), 스트레스에 우리 자신을 내맡겨버리면 이 일은 엄청나게 힘들어진다. 우리를 스트레스에 빠지게 할 권리는 누구에게도 없다. 일단 스트레스를 허락하지 않아야 부모로서의 역할도 훨씬 수월해진다.

스트레스가 엄습하여 아이들에게 화를 내려 할 때마다 일종의 암호로, "열까지 세기!" 또는 "심호흡하기!" 등을 되뇌면 도움이 된다. 우리가 거친 말로 야단을 치려는 기미가 보일 때, 아이들에게 우리만의 암호를 말해달라고 부탁해도 좋다. 또는 배우자에게 일러둘 수도 있다. 예를 들어 우리가 더 이상 그린존에 머물지 않으며 슬슬 아이들에게 잔소리를 하기 시작하면, 레드존으로 넘어가지 않고 다시 그린존으로 돌아오도록 "노란불!"이나 "그린존!"을 외쳐달라고 말해두자.

우리는 주변의 도움을 적극 구해야 한다. 습관을 바꾸기란 생각보다 매우 어려우므로 타인의 지원과 도움이 필요하다.

11 DAY
엄마다워야 한다는 강박 버리기

상당수의 엄마가 너무나 많은 것을 오롯이 혼자서 다 한다. 어쩌면 우리는 가족들이 손을 놓아버린 걸 무의식적으로 집어 드는지도 모른다. 식탁 위의 모든 그릇을 혼자 설거지하고, 아이들의 생일 파티 준비를 홀로 치밀하게 계획하고, 본인의 사소한 임무조차 제대로 계획하지 못해 허우적거리는 이들을 꾸준히 건져주고, 머릿속에 모든 계획이 항상 잡혀 있어야 하며 모든 걸 통제하에 두려 한다.

그러면서 자신은 누구와도 대체할 수 없다고, 모든 걸 한 치의 오차 없이 해낼 수 있다고, 심지어 모두를 위해 희생할 수도 있다고 자부하기도 한다. 하지만 이런 마음가짐은 스스로에게 어마어마한 부담을 지운다. 이성의 끈을 놓지 않고 아이를 가르치고 싶다면 이러한 사고부터 바꿔야 한다.

과부하 방지 솔루션 ①

나는 어디에 사력을 다하는가

'엄마다움' 또는 '아빠다움'을 위해 자신이 중요시 여기는 점들을 나열해보자. 굳이 하지 않아도 되지만, '부모다워야 한다'라는 명분으로 유독 온 힘을 쏟는 일이 있다면 무엇인가? 다른 이들이 할 수도 있으며 혹은 하지 않고 내버려 둬도 되는데 반드시 혼자 도맡아 하는 일들이 있다면 무엇인가? 생각나는 것을 전부 적어보자.

당신이 적은 목록을 살펴보자. 그 일을 하지 않았을 때 아이에게 당장 큰 해가 될까? 그 일을 다른 사람에게 넘겼을 때 집 안의 질서가 심각하게 흔들릴까? 그 일을 '완벽하게' 해내고자 안간힘을 쓰는 순간에, 혹시 더 중요한 것을 놓치고 있지는 않았을까?

우리는 종종 혼자서 할 수 있는 것보다 더 많이, 그리고 더 열심히 해내려 한다. 특히 아이였을 때 무언가를 잘해내거나 제 역할을 충실히 해야 어느 때보다 사랑스럽다고 인정받은 사람들은 성인이 되어서도 이런 식으로 타인의 사랑과 확인을 구한다. 스스로 감당할 수 있는 선을 넘어서라도 많은 일을 해내야 한다고 생각한다. 어린 시절에 그렇게 학습되었기 때문이다. 이제 우리는 성인이고, 새로운 결심을 해야 한다. 즉 지극정성이 넘치는 '부모다움'을 그만두고, 한계를 넘어서는 과도한 역할 분담에서 벗어나야 한다. 물론 당장 모든 걸 그만두라는 뜻은 아니다. 지금부터 한 걸음씩 발을 떼며 스스로를 괴롭히는 패턴에서 빠져나오는 연습을 시작하자.

인간은 자신이 해낸 일로 사랑받는 것이 아니라,
있는 모습 그대로 사랑받아야 한다.

중요한 건 당신 자신이다

우리는 건강한 경계를 세워 스스로를 지킬 필요가 있다. 조금 크게 '아니'라고 말해도 된다. 그리고 엄마로서 혹은 아빠로서 자잘한 책임을 꾸준히 완수하지 못하더라도, 그다지 완벽하지 않더라도, 늘 친절하지 않더라도, 우리는 사랑받을 자격이 있으므로 사랑을 기대해도 좋다.

물론 아무것도 하지 말라거나 하지 않아도 된다는 뜻은 결코 아니다. 다만 '모든 걸' 해낼 수는 없으며, 그럴 필요도 없다.

부모들은 스스로를 보살펴야 한다. 정말 진지하게 말이다. 부모들은 실로 막중한 일을 맡고 있다. 우리가 이 일을 잘하려면 다른 모든 일들과 동일한 수준의 진지함으로 임해야 한다. 여기에는 무엇보다 우리 자신을 정성스레 돌보는, 이른바 자기 돌봄이 당연히 들어간다. 잠을 너무 적게 자고, 건강에 해로운 음식을 먹고, 취미 생활을 소홀히 하고, 더 이상 친구들을 집에 초대하지도 않으면, 제아무리 정신력이 강한 부모라도 평정심에 오래도록 머물 수가 없다.

> 마치 당신의 생존이 걸린 문제인 것처럼,
> 진지한 태도로 자기 돌봄에 임하자.
> 실제로 당신의 존망이 바로 여기에 달려 있기 때문이다!

지속적인 스트레스는 노화를 촉진시킨다. 우리는 병에 걸릴 것이고, 보다 이른 나이에 세상을 떠나게 될지 모른다. 그리고 부모의 만성 스트레스는 아이들에게도 악영향을 미칠 가능성이 높다. 우리가 아이들에게 끊임없이 스트레스를 가한다면, 심각한 '생리적 유산'을 아이들에게 남기는 것과 같다. 이 유산은 인생에 아무런 도움이 안 된다.

그러므로 당신의 몸과 마음에 유익한 것을 절대적인 우선순위에 놓자. 오늘 오전에 두 시간 정도 여유가 있다면 욕조에서 따뜻한 목욕을 하는 건 어떨까? '제발' 아무것도 신경 쓰지 말고 그냥 하자! 규칙적으로 운동을 하고 싶은데 아이들을 한두 시간 학원에 보내도 괜찮을 정도로 컸다면 부디 망설이지 말자. 온라인 쇼핑으로 저렴한 옷을 여러 벌 사는 데 괜히 돈을 쓰지 말고, 차라리 자신을 잘 돌보는 일에 투자하자.

자기 돌봄이 당장 어렵게 느껴진다면 일단 정기적으로 내면에 주의를 기울이는 연습을 해보자. 우리는 타인을 향한 공감만큼 스스로에게 공감하는 연습이 절실하다. 그러면서 자신의 편에 서자. 그럼 훨씬 쉽게, 힘을 덜 들이면서, 아주 빈번히 그린존에 머물 수 있다. 그리고 이는 모두에게 유익한 결과를 가져올 것이다.

자기 돌봄 습관

자기 돌봄은 지극히 일상적인 것들에서 시작된다. 스트레스를 받는 순간 이를 극복하도록 도와주는 일상 속 도우미들은 무척 다양하다. 따라서 일상에서 스트레스를 이겨낼 수 있는 가능성 또한 무궁무진하다.

>> 물 한 모금을 마신다.

>> 두 손을 서로 문지른다.

>> 유난히 지치고 힘든 날엔, 몇 분 동안 귀마개로 귀를 막아본다. 아이들의 목소리는 여전히 들리겠지만 그리 크게 들리지는 않을 것이다. 이것만으로도 심리적 부담이 크게 줄어든다.

>> 활짝 열린 창가에 서서, 신선한 공기를 들이마시고 내쉬며 다섯 번 정도 심호흡을 한다.

>> 집 안에는 항상 초콜릿이나 향기로운 차 또는 그 밖에 당신에게 안락한 기분을 선사하는 물건들을 구비해둔다(일시적인 대용품이기는 하지만 그래도 곧바로 거친 말을 퍼붓는 것보다는 훨씬 낫다).

>> 언제든 쓰러져 파묻힐 수 있는 편안한 1인용 안락의자를 마련한다. 아니면 해먹도 좋다. 그 안에서 '누군가 나를 떠받들고 있으며 마음껏 내려놔도 괜찮다'는 느낌을 받아보자.

>> 당신의 두뇌가 유머를 잊지 않도록, 재치 있는 웹툰이나 만화에 빠져보자.

>> 유쾌한 라디오 드라마나 오디오북 또는 기분 좋은 음악을 골라 틈틈이 듣자.

초보자를 위한 마음 챙김

신경심리학자 릭 핸슨의 저서 『붓다 브레인』에는 이런 말이 나온다.

"오늘날 우리 사회는 오토파일럿autopilot, 즉 '자동 조종 모드'를 너무 자주 작동시키도록 부추긴다. 현대인들은 연달아 이어지는 수많은 일들을 거의 동시에 처리해야 하며, 디지털 자극과 정보의 홍수 그리고 빡빡한 일정은 우리의 두뇌를 혹사한다. 또한 이 사회는 우리가 계속 무언가에 정신을 쏟도록 과도한 부담을 안긴다."

여기서 핵심 단어는 '자동 조종 모드'다. 우리가 하루 종일 스트레스를 받으며 치열하게 분투하면, 순간순간 하는 일에 대해 깊이 생각하지 않고 움직이게 된다. 다시 말해 그저 정해진 일정과 작업 목록에 따라 모든 일을 해치우다가, 인내심의 한계에 다다르면 덜컥 분통을 터뜨린다. 이를 방지하려면 '자동 조종 모드'를 '마음 챙김 모드'로 전환하는 방법을 배워야 한다.

1. 잠시 멈추기

영어로 '마인드풀니스'라 불리는 마음 챙김은, 쉽게 말해 '지금 이 순간의 내면에 주의를 기울인 상태'를 뜻한다. 마음 챙김을 시작하는 가장 간단한 방법은 60초 동안 일상을 잠시 멈추고,

스스로에게 '나는 지금 어떻지?'라고 물어보는 일을 하루에 여러 번 시도하는 것이다. 1분 동안 멈춰 서서, 자신의 호흡에 집중하며 현재 자기의 몸과 마음을 느끼는 것만으로도 충분하다. 지금 몸이 어떤 느낌을 받고 있는지, 심장은 얼마나 빨리 뛰고 있는지, 어깨는 얼마나 단단히 굳어 있는지, 숨을 어떻게 쉬고 있는지 질문을 건네며 고스란히 느낀 다음, 마지막으로 마음 챙김을 누릴 수 있었던 잠깐의 시간에 대해 감사하며 계속해서 하루를 이어가면 된다.

2. 내면에 공감하기

편안한 곳에 자리를 잡고 앉거나 서보자. 다섯 차례 정도 천천히 심호흡을 하며, 자신의 들숨과 날숨에 귀를 기울여보자. 숨을 쉴 때마다 머리부터 발끝까지 어떤 변화가 일어나는지 느껴보자. 호흡이 당신의 복벽을 어떻게 들어 올리는지도 느껴보자.

이제 가장 최근에 공감을 느꼈던 사람을 마음속에 그려보자. 아픈 사람일 수도 있고, 울고 있는 아이, 아니면 영화 속 인물도 괜찮다. 그의 입장이 되어 감정을 느껴보자. 어떤 감정이 느껴지는가? 배와 심장, 호흡에서 무엇이 느껴지는가? 몸의 어디에서 공감이 느껴지는가? 흉곽이 넓어지고 심장이 따뜻해지는가? 이제 두뇌에서 공감을 주관하는 영역은 활발하게 연결망을 형성할 것이다. 이 감정을 조금 더 즐기며 잠시나마 깊이 빠져보

자. 가능하면 약 12초 동안 이 감정을 유지해보자(12초는 생각보다 길다는 걸 실감할 것이다).

다음으로 당신의 아이를 생각해보자. 진심으로 공감하는 마음을 가득 담아 아이를 떠올리자. 아이를 달래주었거나 품에 꼭 끌어안았던 상황을 떠올려도 좋다. 둘이 긴밀히 결속될 때 느껴지는 연대감을 충분히 누려보자.

다음은 마지막이자 가장 중요한 단계다. 당신 자신을 생각하자. 지금까지 느낀 공감이라는 감정을 스스로에게 느껴보는 것이다. 한 인간으로서의 당신 혹은 어린 시절의 당신을 사랑스럽게 품에 안으며 이렇게 말해주자.

"잘하고 있어. 모두 잘될 거야. 난 언제나 널 위해 여기에 있어."

그리고 이 순간을 만끽하자.

3. 내면의 도우미 창조하기

우리 모두는 도우미가 하나 필요하다. 저 바깥에 우리를 도와줄 사람이 아무도 없더라도 상관없다. 우리 안에서 도우미를 만들어내면 된다! 인간의 두뇌는 안이든 밖이든 차이를 모른다.

우리가 주변으로부터 지원과 도움을 극히 적게 받는 것에 익숙해지면, 처음에는 스스로를 지지하고 도와주기가 무척 어려울 수 있다. 만약 이런 상태에서 아이들을 야단친다면 내면에서 다음과 같이 말하는 목소리를 들을지도 모른다.

"너 이번에도 실패했네?"(어쩌면 우리의 어린 시절에서 비롯된 목소리일 수도 있다.)

이처럼 내면에서 떠오르는 비난의 목소리는 우리의 힘을 쓸데없이 소모한다. 따라서 우리는 언제나 우리 편이 되어주는 도우미를 찾아야 한다.

다행히도 우리는 내면의 도우미를 직접 창조할 수 있다. 그러면 우리는 순식간에 자유롭고 자기 결정적인 인간이 된다!

언젠가 다음번에 우리가 저지른 일로 부끄러움이 느껴지는 순간이 온다면, 앞에서 소개한 공감 연습을 하며 자신의 편에서 보자. 망설이거나 움츠리지 말고 바로 해보자. 내면에서 "어휴, 또 망쳤네!"라는 목소리가 들리면, 다정하게 응하되 휘둘리지 말자. "잘 들었어, 고마워"라고 답한 다음 스스로를 보듬어주자. 당신의 두뇌 안에 새로운 길을 내고, 한 걸음씩 천천히 걷다 보면 궤도에서 이탈하지 않게 된다.

그 궤도에서는 이런 말들이 반복적으로 흘러나와야 한다.

"나는 내 편이야. 나는 스스로를 돌볼 거야. 나는 나 자신을 도와줄 거야."

4. 외부의 도우미 찾아내기

내가 집필한 자녀교육서들에는 이런 말이 줄곧 등장한다.

"아이 하나를 키우려면 마을 하나, 공동체 하나가 필요하다."

여기에 대한 사람들의 반응은 늘 한결같다.

"맞는 말이긴 하죠. 하지만 주변 환경이 전혀 안 따라주는걸요."

그럼에도 나는 부디 계속 시도하라고 권한다. 마음을 열고, 경계를 풀고, 끊임없이 묻고 도움을 구해보라고. 다른 사람들에게 다가가 도움을 주고 또 그들의 도움을 기꺼이 받아들이자. 다른 이들과 약속을 잡아 만나고, 함께 주변을 돌아다니며 동네를 탐색하자. 같이 놀이터에 앉아 대화도 나누고, 청소도 하고, 요리도 하면서 말이다. 거절은 받아들이되 포기하지는 말자. 우리 인간은 항상 그래왔다. 공생은 인간의 본성이다.

때로는 넘어서야만 하는 난관들도 있지만, 그래도 주변 사람들과 함께하면 어깨를 짓누르는 짐을 상상 이상으로 많이 덜어낼 수 있다.

과부하 방지 솔루션 ②

도움 주고받기

긴장을 풀고 자리에 앉는다. 호흡을 천천히 느끼며, 의식의 초점을 이성에서 신체로 돌린다. 이제 최근 당신이 누군가를 진심으로 흔쾌히, 힘든 기색 없이 도와주었던 기억을 불러내본다. 그때 당신은 어떤 느낌을 받았는가? 밝고 따뜻한 느낌이 들었는가? 그 순간과 장면들을 기억에서 불러내자. 어쩌면 절로 미소가 지어질지도 모른다. 당신의 도움을 받은 사람이 기뻐하는 모습을 보았는가? 그 표정은 어땠는가? 당시를 회상하는 동안 당신의 몸에서는 어떤 반응이 감지되는가?

다음으로 당신이 누군가로부터 도움을 받는 상상을 해보자. 어떤 느낌이 드는가? 도움을 주고 또 받을 때 느껴지는 감정을 만끽해보자. 주고받는 일은 모두 아름답다. 타인의 도움을 받는 건 당신뿐 아니라 상대방에게도 기분 좋고 유익한 일이다. 당신이 도움을 줄 수 있고 또 도움을 청할 수 있는 곳이 어디인지, 의식적으로 주변에 주의를 기울이며 하루를 보내보자.

12 DAY
아이의 협동심을 이끌어내는 말

아이들은 (나이에 따라 각기 다르게) 리모컨, 레고 블록, 신발, 음식, 책 등을 던진다. 지금까지 우리는 아이가 무슨 행동을 하든 침착하게 바라보며 아이 말에 경청해야 한다고 배웠다. 그럼 이런 상황에서는 대체 어떻게 반응해야 할까?

일단, 당신과 당신 아이를 위해 한 가지는 분명히 해둬야 한다. '아이들은 근본적으로 협동을 원한다'는 원칙에 기초하여 아이를 호의적으로 바라보는 것이다. 이에 더해 '아이는 아직 학습 과정 중에 있는 선한 인간이며 도움이 필요한 존재'임을 가정하고 시작하면 전혀 다르게 반응할 수 있다. '버르장머리 없는 녀석, 예의 있게 굴도록 단단히 혼내줘야겠어' 같은 생각과는 완전히 동떨어진 마음가짐으로 말이다.

감정의 연결 고리를 만들어라

아이가 사소한 일로 비협조적으로 군다면 어떻게 해야 할까? 다시 말하지만, 기본적으로 아이는 협동하려 한다. 다만 지금 이 순간에는 협동하려는 마음보다 다른 힘이 더 셀 뿐이다(어쩌면 너무 피곤해서 그럴 수도 있고, 그저 너무 굼뜬 것일지도 모른다). 이때 우리는 꾸짖거나 잔소리를 하며 아이에게 압박을 가할 수도 있다. 아이를 비난하며 공격하면 일단 자기 자신에게 가해진 압박은 점차 사라지기 때문이다.

이와 달리 아이와의 관계를 계속 유지하면서 솔직하고 개방적인 태도로 말할 수도 있다.

"지금은 만화를 보고 싶은 마음이 크구나. 그래, 이해해. 나도 오늘은 힘든 하루였거든."

이렇게 감정의 연결 고리를 만들어 표현하면, 아이는 더 이상 나쁜 인간이 아니며 단지 인간적인 욕구를 지닌 (그리고 인간적인 결함도 있는) 하나의 인격체가 된다. 아이가 도울 생각 없이 소파에 누워 있다면, 우리도 그냥 소파에 자리를 잡고 앉아 아무것도 하지 않고 가만히 있는 이 순간이 얼마나 여유롭고 편안한지 한번 느껴보자. 아이가 일어날 마음이 없는 데는 이유가 다 있다! 하지만 결국 저녁 식사는 준비해야 하니 천천히 말을 꺼내보자.

"배가 꼬르륵거리네. 나도 기운이 없어서 밥하고 싶은 마음이 별로 없어. 그래도 저녁은 차려야겠지? 나 좀 도와줄래?"

이런 식으로 아이를 진지하게 대했을 때, 아이가 다시 일어나 '협동'할 가능성은 그저 투덜거리며 잔소리를 할 때보다 현저히 높다.

만일 아이가 공감하지 못한다면 감정 이입을 하기에 너무 어리거나(6세 미만의 아이는 감정 이입을 조금 더 훈련해야 한다), 심히 피곤하거나, 아니면 돕지 않는다고 방금 타박을 들은 일로 기분이 몹시 상했기 때문이다.

이런 경우에는 넓은 관점에서 객관적으로 이유를 찾아봐야 한다. 사회학자이자 심리학자인 알피 콘Alfie Kohn의 말을 곱씹으면서 말이다.

"당신이 아이에게 요구하는 일을 아이가 하지 않는다면, 문제는 결코 아이에게 있지 않으며 당신이 요구한 바로 그 일에 있다."

>> **아이가 물건을 던진다면?**

아이가 왜 그러는지 확실하지 않은 경우에는 일단 안전부터 걱정하자.

"그만해, 안 그러면 망가져. 계속하지 못하게 해서 화가 많이 났구나. 그 마음 알아. 이해해. 그렇지만 나는 집 안에서 물건들이 여기저기 날아다니는 걸 보고 싶지 않아. 소파를 내리치는 것까지는 이해할게. 아니면 밖에 나가서 한 바퀴 달리고 와도 좋아. 그래서 화가 풀린다면 말이야."

그래도 아이가 계속 물건을 던진다면, 던진 물건을 가져다가 다시 건네거나 아이의 안전을 지켜주도록 하자.

›› 아이가 마트 안을 요란하게 뛰어다닌다면?

아이가 장보기를 도울 수 있도록 소소한 기회를 제공해보자.

"거기서 멈춰. 난 네가 여기에서 정신없이 뛰어다니는 거 정말 별로야. 우리 지금 사과가 좀 필요한데, 가서 빨간 사과 몇 개만 골라 올래?"

›› 아이가 신발 신기를 거부한다면?

상황을 설명하고 나서 아이에게 선택지를 주자.

"이것 봐, 밖에 눈이 쌓였어. 눈을 밟게 해주고 싶지만 오늘 아침은 서둘러야 해. 대신 오늘 오후에는 맨발로 눈 위를 걷게 해줄게. 하지만 지금 당장은 그럴 수가 없어. 자, 어떤 신발 신고 나갈까? 파란 거? 아니면 밤색?"

›› 아이가 다른 아이를 때린다면?

행동 뒤에 숨은 욕구를 살펴보며, 아이에게 감정 이입을 가르치고 갈등 해결을 도와주자.

"그만. 서로 때리는 거 아니야. 나는 그런 행동 원하지 않아. 무슨 일이야? 엄마한테 설명해줘."

아이의 말을 귀 기울여 들은 다음, 대화를 이어가자.

"그랬구나. 다 알아들었어. 그런데 여기 좀 봐, 친구가 울고 있잖아. 그렇게 때리면 너희는 계속 같이 놀 수 없어. 모두가 이 붕붕카를 타려면 어떻게 해야 좋을까?"

>> **아이가 유모차 안에서 물건을 내던진다면?**

이런 행동은 그만둬야 한다는 걸 짧게 설명하고 주의를 돌릴 대안을 제시하자.

"엄마는 네가 바닥에 물건을 던지는 걸 보고 싶지 않아. 이제 그만. 주워주는 건 이번이 마지막이야. 다섯 번은 없어. 너무 지루하니? 저 앞에 새들이 있네. 우리 저쪽으로 가볼까?"

>> **아이가 전화 통화를 방해한다면?**

우리가 통화를 할 때마다 아이가 옆에서 쉬지 않고 수다를 떨며 방해한다면, 그 행동 뒤에 숨겨진 욕구가 무엇인지 거듭 질문을 하자. 그러면서 아이에게 이런 식으로 말해보자.

"옆에서 계속 떠들면 통화를 할 수 없잖아. 그래, 나도 알아. 지금은 원래 같이 노는 시간이지. 그런데 이번에는 정말 중요한 전화야. 끓을 때까지 조금만 도와줄래? 그동안 뭘 하면 좋을까? 오디오북 들을까? 듣고 싶은 거 하나 골라 올래?"

>> **아이가 집에 너무 늦게 들어온다면?**
걱정되는 바를 솔직하게 말하되, 아이가 아직 배우는 단계라는 걸 감안하자. 연락 없이 귀가가 너무 늦어져 식구들이 이미 저녁 식사를 마친 상황이라면, 이를 지적하되 따로 벌을 주지는 말자.
"그래, 이해해. 밥 먹는 시간을 잊을 수도 있지. 하지만 네가 늦으면 엄마가 정말 많이 걱정된단다. 그래도 엄마는 널 믿어. 이제부터는 틈틈이 시계 좀 봐줄래? 아니면 다른 사람들한테 때가 되면 알려달라고 부탁하거나."

생각과 다른 반응을 보일 때

아이가 우리의 제안을 받아들이는 대신 통제를 잃고 울컥 화를 낸다면 어떻게 해야 할까?
일단, 고요히 침착하게 머무르자. 가만히 있어보자. 그러면서 아무것도 망가지지 않도록, 아이나 다른 누군가가 다치는 일만 없도록 주의를 기울이며 보살피자. 그리고 아주 또렷하게 선을 긋자. 부모에게 거친 말을 해서도, 아프게 해서도 안 된다는 걸 확실하게 알려주자. 아이의 흥분이 좀처럼 가라앉지 않더라도 다시 잠잠해질 때까지 기다리자. 한바탕 울고불고 거센 말이 오가거나 광란이 일었다면, 완전히 가라앉고 나서 아이와 함께 지난 상황을 돌아보며 무슨 일이 왜 일어난 건지 차분하게 대화를 나누어보자.

"그만해!" 대신 "뭐가 필요해?"

기나긴 하루를 보낸 저녁 무렵 힘겹게 요리를 하고 있는데, 아이들이 주방 근처에서 목청껏 노래를 부르며 숙제를 할 때가 있다. 그러면 우리는 보통 이렇게 말한다.

"제발 그만해! 엄마 지금 할 일이 너무 많고 조용히 있고 싶으니까 노래할 거면 방에 들어가서 해."

그럼에도 말이 통하지 않을 때가 있다. 이런 경우엔 아이가 무엇을 필요로 하는지 직접 물어보자. 남은 저녁 시간을 평화롭게 보내고 싶다면 말이다.

"엄마는 지금 조용히 요리하고 싶은데, 그러려면 내가 뭘 해줘야 할까? 뭐가 필요하니?"

다른 상황도 비슷하다.

"치과 치료를 무사히 마치고 얼른 집에 가고 싶은데, 어떻게 해줄까? 뭘 원하니?"

"엄마, 아빠는 너랑 같이 차분히 점심을 먹고 싶은데, 뭐 필요한 게 있니? 우리가 뭘 하면 좋을까?"

어쩌면 이때 당신은 아이의 예상치 못한 영리한 대답에 크게 놀랄지도 모른다.

13 DAY
다정하게 설명하고 선택지를 주자

우리의 두뇌는 주로 '최악'을 가정하고 출발하곤 한다. 그런데 반대로 '최상'을 전제로 깔고 시작하면 훨씬 현명한 행동이 나온다는 걸 나는 경험을 통해 배웠다.

방에 있는데 주방에서 달그락거리는 소리가 난다. 이럴 때 보통은 빠르게 돌진해 현장을 포착하고는 야단을 친다.

"뭐 하는 거야, 아직 밥때도 아닌데! 그거 먹고 또 나중에 밥알 세려고 그래?"

이런 태도는 관계에 독이 된다. 수치심과 거절감에 휩싸인 아이는 앞으로 같은 상황을 기피하는 법만 배우게 된다.

대신 이렇게 말할 수도 있다.

"아, 배가 많이 고팠구나. 난 또 네가 저녁상을 차리나 했지. 어차피 밥 먹을 시간 얼마 안 남았으니 같이 상 차릴까?"

이런 표현을 쓰면 아이는 체면을 잃지 않으면서, 무언가를 배울 여유를 얻게 된다. 그리고 부모는 아이와의 긴밀한 관계를 계속 유지할 수 있다. 아이에게 원래 무엇을 기대했는지 다정하게 설명하되, 완벽함을 요구하지는 말자.

갈등 예방 솔루션

우리만의 암호말

'우리만의 암호말'을 만들어 아이와 함께 연습하면, 우리가 선을 넘으려 할 때마다 아이가 미리 신호를 줄 수도 있다. 혹은 화가 나려고 할 때 방석을 내리치거나 방바닥에 앉거나 제자리 뛰기를 하는 등 분노를 가라앉히는 다양한 방법을 아이에게 알려줄 수도 있다. 갈등이나 마찰을 겪을 때 수치심을 느끼게 하고 겁을 주는 대신, 서로의 감정을 구체적인 말로 표현하고 공유하는 것이다. 또 아이와 함께 해결책을 찾을 수도 있다. 놀랍게도 아이들은 잠깐의 시간 동안 믿을 수 없이 창의적인 해답을 내놓기도 한다. 그 놀라움을 직접 경험해보기 바란다.

문제 상황이 벌어지기 전에 부모인 자신이 원하는 규칙을 아이와 함께 약속으로 정해두는 것도 굉장한 도움이 된다.

≫ 식당에서는 아이가 예의 바르게 행동해야 한다고 생각하는가? 그러면 처음 한 번은 난리를 치더라도 봐주고, 그다음에 함께 '식당 규칙'을 따로 만들어 꼭 지키기로 '협약'을 맺자.
≫ 아이들이 놀이터에서 자주 싸우는가? 그럼 모래 더미에 올라가거나 모래밭을 파헤치기 직전에, 모래놀이 장난감을 빌리거나 빌려주는 방법을 아이들에게 다시금 상기시키자.
≫ 아이들이 잠자리에 들기 전에 늑장을 부리는가? 당장 놀이를 끝내면 이부자리를 준비할 시간이 넉넉하지만, 지금 계속 놀면 시간이 모자라 밤중에 허둥대야 한다고 말하자. 아이가 둘 중 하나를 택할 수 있게 선택지를 제시하는 것이다.

현실을 자세히 설명하기

내가 막 저녁 식사를 준비하고 있는데 딸이 다가와 어린이집 가방에서 자기 물병을 빨리 꺼내달라고 보채면 나는 지금 내가 처한 상황을 상세히 설명한다.
"그래, 꺼내줄게. 그런데 지금 엄마는 저녁을 차리고 있거든.

그래서 버섯을 굽고, 매트를 깔고, 수저를 놓고, 차를 끓인 다음에 물병을 꺼낼 수 있을 것 같아."

이러면 내가 근본적으로는 아이들의 편에 서 있지만, 지금 이 순간에는 달리 도리가 없다는 사실이 분명해진다. 그리고 아이에게는 선택지가 주어진다. 만약 급한 일이라면 아이는 스스로 물병을 꺼낼 것이다. 그리고 안 꺼내더라도 엄마가 식사 준비를 마치자마자 꺼내줄 거라는 걸 알고 있을 것이다.

꾸지람을 대체하는 세 가지 대안

꾸짖지 않는 육아의 규칙은 세 가지로 압축된다. 일상에서 욱하며 통제를 잃기 바로 직전에 도움이 될 만한 규칙이다.

1. 차분하게 머무를 것

오직 침착한 상태에서만 실제로 무슨 일이 벌어지고 있는지 정확히 바라볼 수 있다. 흥분하는 순간 곧바로 당신의 시야는 좁아지며, 이성은 더 이상 제대로 작동하지 않고, 적당한 거리를 두고 상황을 판단할 수 없게 된다. 그뿐 아니라 침착함을 유지하지 못하면 다른 누구와도 평온한 방향으로 조율해나갈 수 없다. 당장 처한 상황 때문에 다소 화가 날 수는 있지만, 보통은 지구가 멸망할 만큼 심각한 상황은 아니다.

2. 아이의 감정을 대신 표현해줄 것

감정 이입은 연습하고 배워야 한다. 그리고 아이들은 부모를 통해 이를 학습한다. 거울에 비춰 보듯, 아이가 처한 상황에 이입해보자.

"그래, 그런 기분이 들었구나. 나도 알아. 어떤 기분인지 상상이 가. 지금 정말 짜증나겠다. 그치?"

아이에게 공감의 표현을 아끼지 말고 해주자. 실행 가능한 거의 모든 것들을 (아이라는 이유로) 스스로 결정할 수 없다면 이따금 화가 나고 짜증이 날 수 있다.

3. 훈계 대신 선택지를 줄 것

훈계 대신 선택지를, 벌 대신 만회의 기회를, 수치심 대신 구체적인 지도를 아이에게 건네주자.

"파란색 아니면 빨간색 스웨터를 입을 수 있어. 둘 중에 하나 골라보자."

"유치원에 어떤 빵을 가져갈까? 네가 직접 결정해도 좋아."

"그럼 지금 계단을 좀 쓸어줄래? 그리고 다음번엔 현관 앞에서 신발을 깨끗이 털고 들어오도록 신경을 더 쓰자. 알겠지?"

온갖 노력에도 불구하고 아이들은 우리 뜻대로 움직여주지 않는다. 이를 늘 염두에 두길 바란다. 우리가 아무리 새롭고 근사한 제안을 하더라도 아이들은 즉각 받아들이지 않을 수 있다. 아무리 교육적으로 의미 있는 방식으로 접근하여 전달하더라도 말이다. 하지만 절망하기에는 아직 이르다. 여러 연구 결과에서 보여주듯이, 갈등을 평화롭게 해결하는 부모를 보고 자란 아이들은 그 방식을 물려받아 나중에 또래와의 관계에도 그대로 적용한다. 한 인간이 온전히 자립적으로 자라기까지는 실로 기나긴 여정이 필요하다. 그리고 이는 절대 헛되지 않다. 양육에서 가장 중요한 것은 기다림과 존중이다.

Key Point

- 가족의 일상은 힘들고 지치게 마련이다. 리듬과 루틴은 힘겨운 일상으로 소모되는 에너지를 줄이고 두뇌의 부담을 덜어준다.
- 암호를 통한 소통은 긴장을 풀게 하며, 우리의 자녀가 기적처럼 놀라운 아이라는 사실을 상기시켜준다.
- 내면에 집중하는 간단한 마음 챙김 연습 및 명상은 두뇌에 '긍정의 궤도'가 자리 잡도록 도우며 부정적인 자극을 약화시킨다.
- 부모가 지닌 인간상은 아이 행동에 대한 반응에 커다란 차이를 불러온다. 아이들은 기본적으로 선하고 좋은 일을 기꺼이 하는 존재라 전제하고 출발하면, 자녀를 훨씬 긍정적인 시선으로 바라보게 된다.
- '화내지 않는 일상'을 미리 연습하고 규칙을 만들어 약속으로 정하면 일상의 사사로운 갈등 상황을 상당수 예방할 수 있다.
- 꾸지람을 방지하는 세 가지 규칙을 늘 기억해두자. 어떤 상황에서도 차분히 머물고, 마음을 충분히 헤아려주고, 벌 대신 선택지를 주자!

긍정 육아
함께 웃는 시간만큼 관계가 좋아진다

아이를 키우다 보면 더 이상 대화를 지속할 수 없는 순간들이 있다. 그리고 부모 자신도 더는 말하고 싶지 않을 때가 있다. 양치질, 정리 정돈, 텔레비전 리모컨을 두고 아이들은 문득문득 이유 없이 우리의 말을 무시한다. 말이 더 이상 먹히지 않을 때, 유머와 놀이는 엄청난 특효약이 된다.

14 DAY
'Yes'로 가득한 환경 만들기

"가장 과소평가된 인간의 특성은 놀이다."

TV 저널리스트 톰 프리들Tom Friedl이 언젠가 내게 해준 말이다. 그의 말은 지극히 옳다. 실제로 우리는 놀이의 힘을 간과하는 경향이 있다. 오늘은 집 안에서 발생하는 무수한 갈등 상황을 힘 빼지 않고 풀어가는 방법을 모색해보자. 제일 먼저 각자의 일상에서 빈번히 발생하는 문제 상황들을 파악해야 한다.

아이는 변화를 힘들어한다

"너 또 고집부리는 거야?"

이런 질문은 아이에게 부끄러움을 안길 뿐 아니라, 결국 아무 변화도 이끌어내지 못한다. 아이들은 고집을 부리는 게 아니다. 그저 담을 쌓으며 부모의 명령을 차단할 뿐이다. 이유는 다양하다. 자기 결정을 끝까지 관철해보려고, 규칙을 이해할 수 없어서, 또는 부모가 자신에게 무엇을 원하는지 제대로 파악하기 어려워서일 수도 있다.

흔히 다음과 같은 일을 두고 아이와 실랑이를 벌인다.

>> 옷 입기와 옷 벗기, 이 닦기, 머리 빗기, 손발 닦기 또는 샤워하기
>> 밖으로 나가기, 집으로 들어오기
>> 정리 정돈 또는 청소하기
>> 식사하기(온 가족이 함께하는 식사 시간), 군것질하기
>> 잠자기(홀로 잠자리에 들기, 혼자 오래 자기)

그런데 위에 열거한 일은 아이들에게 우리 생각 이상으로 힘든 일일 수 있다. 이 사실을 필히 염두에 두어야 한다. 많은 아이가 상황이 갑작스레 달라지는 변화의 과정을 특히 어려워한다. 이를테면 옷 입기, 옷 벗기, 밖으로 나가기, 안으로 들어가기, 잠에서 깨기 그리고 잠들기 같은 것 말이다. 일반적으로 아이들은 이런 변화의 어려움을 극복하고 적응하는 데 상당한 시간을 필요로 하고, 대개는 초등학교에 들어갈 나이가 되면 가까스로 이겨낸다. 부모들에게 중요한 건 단 하나다. 바로 이를 지

극히 '정상'으로 받아들이고 이해하는 것이다. 보다 노련하게 애정을 가득 담아 아이를 이끌어준다면 이 난관은 더욱 쉽고 빠르게 해결할 수 있다.

말보다 본보기가 중요하다

위생과 관련해서는 정말 '필수적인' 일이 무엇인지 생각해볼 필요가 있다. 지나친 청결은 피부의 산성막을 손상시킨다는 사실이 이미 오래전에 입증되었음에도, (부모의 권유로) 매일 저녁 샤워를 해야 하는 아이가 여전히 많다. 만약 아이가 아침마다 옷 입는 걸 힘들어한다면 갓 마른 보송보송한 속옷을 저녁마다 아이의 침대 위에 놓아주면 어떨까? 그럼 다음 날 아침 바지와 스웨터만 걸치고 나가면 된다. 머리를 얼마나 자주 감아야 하는지도 부모의 재량에 달려 있다. 아이가 머리 감기를 괴로워한다면 수경을 쓰고 놀이하듯이 씻는 건 어떨까? 빗질을 싫어하는 아이라면 아주 짧은 헤어스타일로 바꾸는 게 방법일지 모른다.

식습관이나 군것질에 관해서는 부모의 본보기가 무엇보다 중요하다. 아이들은 부모가 '말하는' 대로 행하지 않는다. 대신 부모가 '행하는' 대로 보고 따른다. 가끔 부모들이 나에게 와서, 네 살짜리 아이가 과자를 너무 많이 먹는다며 어떡해야 하냐고 물을 때면 나는 이런 의문이 든다.

'과자가 건강하지 않다고 생각하면서 왜 다들 집에 계속 사 다 두는 걸까?'

마찬가지로 부모가 아이와 대화를 나누는 동안 수시로 스마트폰을 들여다본다면, 십 대 자녀가 자기 행동을 그대로 모방하더라도 그리 놀랄 일이 아니다.

종종 부모와 아이 사이에 '무력'이 대치하는 상황도 발생한다. 부모가 아이에 관한 거의 모든 일에 결정권을 행사하려고 할 때, 아이는 자기 나름대로 스스로 결정을 내려보려 한다. 나는 최소한, 자기의 몸과 관련된 일에 관해서만큼은 당사자인 아이의 의사를 존중해야 한다고 믿는다. 가령 '오늘 무슨 옷을 입을지' 같은 일은 아이에게 결정권을 온전히 넘겨도 된다. 모든 일을 부모 뜻대로 결정하려 드는 건 아이와의 관계를 지속적으로 해치는 길이다. 힘을 써서 강제로 아이의 이를 닦으면 아이는 자기 몸에 대한 무력감을 경험하고, 이는 정신적 외상으로 남는다. 이러한 '신체적 침해'는 가능한 한 일어나지 않아야 한다.

> 힘과 무력이 대치하는 상황을 놀이로 풀면
> 아이의 존엄이 손상되지 않으며,
> 우리 자신의 존엄 또한 지키게 된다.

'안 돼'라는 말을 덜 하는 환경을 조성하자

부모 상담 코치이자 작가인 스콧 노엘Scott Noelle이 제안하듯이, 끊임없이 "안 돼!"라고 외치는 대신 "좋아!"라는 대답이 나올 수밖에 없는 환경을 조성해놓으면 일상은 눈에 띄게 가벼워질 것이다. 아이들이 아주 어리다면, 쉽게 망가지거나 손이 닿으면 안 되는 위험한 물건들은 아이의 행동반경 밖으로(아예 시야 바깥이면 더 좋다) 모두 치워두자. 이런 환경만으로 우리는 상당수의 갈등을 면하게 된다. 이게 다냐고? 그렇다. 일상을 그저 단순하고 가볍게 만들기 위해 당신이 준비해야 할 일은 사실 이게 전부다.

유아기가 지난 아이들은 부모의 말보다 '행동'을 모방하기 때문에 다른 방식으로 환경을 조성해야 한다. 공장에서 찍어낸 과자를 아이가 먹지 않길 바란다면 애초에 사지 않으면 된다. 극히 소량만 사두거나 기념일과 같은 특정한 날에만 사기로 하자. 아이가 내내 스마트폰만 보며 앉아 있는 모습을 원치 않는다면, 집에 들어오자마자, 혹은 특정 시간이 지나면 모두 스마트폰을 한곳에 두도록 현관 근처에 바구니를 마련해놓자. 부모든 자녀든 예외 없이, 반드시 필요한 경우가 아니면 스마트폰은 늘 거기에 모셔두는 걸 규칙으로 해두는 것이다. 또는 '스마트폰 프리 존'을 만들어, 식사하거나 놀이를 하는 도중에는 사용을 금한다는 약속을 정해두는 것도 좋다.

애정에 기초하여 자녀와 눈높이를 맞추려 노력하는 부모들은 '우두머리 늑대'처럼 주도적인 역할을 맡는 대신, 아이들에게 공동으로 결정할 수 있는 기회를 주면서 부모 자신의 역할을 줄인다.

"파란 바지 입을래, 아니면 빨간색으로 할래?"
"딸기잼 바를래, 아니면 땅콩잼 바를래?"
"할머니한테 갈까, 아니면 아빠랑 있을래?"

보통 오후 5시경까지는 문제없이 잘 굴러간다. 하지만 그 이후에는, 특히 어린아이들의 경우 피곤하고 지쳐서 만사가 귀찮고 짜증이 난다. 따라서 질문이 계속 이어질수록 부모와 자녀 모두 실망과 좌절만 커지게 된다. 아이는 계속해서 생각을 바꾸며 자신의 선택에 만족하지 못하고, 부모는 더 이상 어떤 선택지로도 아이들을 만족시킬 수 없게 된다.

아이가 부모의 제안에 더 이상 함께하지 않으려 할 때 자녀와 '논쟁'을 벌이려는 부모가 제법 많다.

"왜 지금 이를 닦지 않으려는 건데? 여기 좀 봐. 칫솔이 이렇게나 예쁘잖아!"

또는 진지하고 논리적인 설명을 시도하기도 한다.

"자동차 안에서는 의무적으로 안전벨트를 매야 해. 잘 들어

봐, 만약 우리가 사고가 났을 때 벨트를 매고 있지 않으면……."

'논쟁'이나 '설명'이 아니라 '선택지'를 건네자. 더불어 그 순간 자신이 느끼는 감정과 아이가 느끼고 있을 감정에 이름을 붙이자. 이는 부모와 자녀 간의 팽팽한 줄다리기를 다루기에 아주 탁월한 방식으로, 학자들도 적극 추천하는 방법이다. 물론 실제로 효과도 매우 크다.

아이가 컨디션이 좋고 깨어 있으면 원활한 대화가 충분히 가능하지만, 너무 잦은 질문과 선택지가 주어져 이미 많은 에너지를 쏟았다면, 배가 고프고 피곤하다면, 정신적으로 자립할 단계에 들어섰다면 대개는 갈등으로 이어진다. 이런 갈등은 불가피하며 또 필요하기도 하다. 물론 차 안에서는 안전벨트 착용이 필수지만, 너무 무겁지 않게 이 문제에 접근할 수도 있다. 한 지붕 밑에 우두머리 늑대 두 마리가 살면 힘이 들 수밖에 없다. 이를 확실히 인지하고 틈틈이 의식적으로 상기시켜야 우리의 일상이 보다 가벼워진다.

그럼 무엇을 어떻게 해야 할까? 한 가지 방법으로, 놀이하듯이 접근하는 길이 있다. 즉 힘의 불균형, 이해관계의 차이 혹은 실망과 좌절로 생겨난 갈등을 놀이처럼 다루는 것이다. 발달심리학자 알레사 솔터Aletha Solter는 자신의 저서 『애착 놀이Spielen schafft Nähe, Nähe löst Konflikte』에서 이렇게 말한다.

"자녀 교육에서 발생하는 대부분의 문제를 거슬러 올라가면 아이들에게 고립감, 무력감, 불확실함 또는 두려움 등의 감정이 생겨나면서 문제가 비롯되었음을 알 수 있다. (…) 자녀와 함께 나누는 웃음과 놀이는 당신의 수많은 육아 문제를 풀어줄 것이다."

첨예한 대립 상황에 빠졌다면
'놀이가 마법'이라는 생각을 항상 떠올리자!

참으로 다행스럽게도 놀이는 언제든지 할 수 있으며 비용도 전혀 들지 않는다. 게다가 '함께 놀자'는 제안을 받고 곧바로 활기를 띠지 않는 아이는 거의 없다. 욕실이든 자동차 안이든 숲속에서든 상관없이, 같이 놀자고 하면 아이들은 언제든 금세 신이 나서 생기가 돈다. '안 돼'라는 말을 최대한 덜 하는 환경을 조성했다면, 다음 단계에서는 다양한 갈등 상황을 놀이로 풀어가는 구체적인 방법을 알아보자.

15 DAY
백 마디 잔소리보다
한 번의 놀이가 낫다

많은 부모가 '해야 할 일은 해야지!'라는 논리로 아이들을 교육한다. 자녀에게 "당연히 그래야 하는 거야"라고 단호하게 말하면 아이들은 보통 순응한다. 하지만 주의할 점이 있다. 이런 방식으로 한 아이가 순조롭게 자랐다고 해서 다른 아이에게도 통할 거라 생각하면 안 된다. 자기주장과 호불호가 강하고 자기 결정을 몹시 중요시하여, 이를 고수하기 위해 갈등까지도 감수하는 아이도 적지 않다. 이들은 조화를 중시하느라 자기 결정을 제쳐놓는 여타의 아이들과 다르다. 이건 교육의 문제가 아니라 기질의 문제다. 다시 말해 부모로서 우리가 따로 영향을 가할 수 없는 고유의 기질이다.

때때로 우리는 시간도, 힘도 없어서 차마 우회하지 못하고 바로 돌파해야만 하는 순간이 있다. 그럼에도 우리가 아이들과의 감정 교류를 놓지 않고 관계를 지속하는 한, 아이들 또한 참고 견딜 수 있다.

돌아가지 못하고 직진해야 하는 순간에는 이런 식으로 말해보자.

"너 혼자서 옷 입고 싶은 거 나도 이해해. 그런데 우리 지금은 얼른 기차를 타러 가야 해. 그래서 이렇게 서두르는 거야. 다음번에는 혼자 입게 해줄게."

오후 5시가 넘어 아이의 '협동심'이 바닥났거나, 부모에게 남은 에너지가 극히 부족해 둘 사이 '힘의 불균형'을 간신히 막을 정도라면, 놀이를 통한 짧은 우회로도 시도해볼 만하다. 부모와 아이 사이에 흔히 벌어지는 갈등 상황에서 적용하기 좋은 몇 가지 아이디어를 제안한다.

카시트에서 안전벨트 매기

상당수의 어린아이가 '차에 타면 안전벨트를 착용해야 한다'라는 규칙을 이해하고 받아들이기 어려워한다. 근본적으로 아이들의 이런 반응은 타당하다. 자동차에 앉아 있는 건 인간의 본능에 익숙한 이동 방식이 아니기 때문이다. 강화 플라스틱과 스티로폼으로 만든, 죽은 껍데기 안에 자리를 잡고 앉아 끝을 알 수 없는 막연한 시간 동안 잿빛 쿠션을 바라보는 건 진화생물학적 관점에서 굉장히 새롭고 이례적인 상황이다. 두 살짜리 아이들에게 '말을 타면 고삐를 단단히 붙들어야 한다'고 말하면 금방 알아들을 것이다. 반면 자동차의 위험은 이들에게 매우 추상적이다. 그래서 많은 아이가 목이 다 쉬고 부모의 신경이 있는 대로 곤두설 때까지 차 안에서 난폭하게 소리를 지르며 소란을 피우는 것이다. 이런 상황에서 도움이 될 만한 해결 방안들은 다음과 같다.

- **짝꿍 만들기**: "이것 봐, 곰돌이 인형도 안전벨트를 매고 싶대. 네가 채워줄래?"
- **상황극 놀이**: "곰돌이가 너도 안전벨트를 맸으면 좋겠다고 하네? 뭐라고 대답할까?"
- **스스로 맬 때까지 기다리기**: 시간이 꽤 걸리겠지만 결코 헛된 수고가 아니다. 미래의 시간을 얻기 위해 현재의 시간을 조금 잃는 것뿐이다.
- **역발상 놀이**: "다들 안전벨트 매지 마! 절대로! 어차피 우리는 출발하지 않을 거니까!"

이런 시도에도 불구하고 아무런 진전이 없으면, 벨트 매는 것과 별개로 다른 놀이를 시도하는 걸 추천한다. 여기에서 우리의 본분은 '불을 끄는' 일이다. 이를테면 우리가 소방 본부이며 화재를 진압해야 한다는 생각으로 놀이를 하자. 그리고 놀이를 하는 동안 자연스럽게 안전벨트를 채우는 것이다. 아이들의 초점을 부모와 함께하는 놀이로 돌리면 갈등 지점에서 일단 벗어나게 된다.

이 닦기

아이가 혼자서 또는 당신의 배우자와 함께 이를 닦도록 한번 놔둬보자. 그 모습을 보고 있으면 어떤 생각이 드는가? 마음이 편안하고 흐뭇한가? 아니면 답답해서 당장 대신 해주고 싶은가?

양치질은 부모가 즉시 개입하거나 간섭하기 쉬운 일이기 때문에, 다수의 가정이 이를 닦는 과정에서 굉장히 빠르게 갈등 상황에 빠지곤 한다. 이럴 때 그저 '강력하게' 대응하려는 부모들이 있으며, 동시에 항상 협조하려는 자녀들도 있다. 한편 의지가 유독 강한 아이들과 대립하면 부모가 매번 질 수밖에 없다. 그러므로 계속 버티면서 갈등을 고조시키느니 차라리 시간과 에너지를 '애착'과 '연대'에 투자하는 편이 훨씬 현명하다.

먼저 전통적인 조언에 따라 시도해보는 것도 좋겠다. 즉 자세히 설명하고, 시범을 보이고, 예쁘고 멋있는 전동칫솔을 사고,

양치질을 주제로 다루는 책을 같이 읽어보고, 동물 인형의 이빨을 닦아보고, 다른 사람들이 양치질하는 모습을 보게 하고, 아이가 이를 닦을 때 옆에서 이야기를 읽어주는 등 다양한 방법이 있다. 여기에 더해 양치질을 하나의 놀이처럼 접근시킬 수도 있다.

» **함께 양치질 노래 부르기**: 노래를 하나 골라 개사를 하거나 변주를 해서 불러본다.

» **세균 사냥하기**: "모두 기다려라, 내가 곧 잡으러 간다! 이런 나쁜 녀석들, 다들 저 위에 있네. 이제는 아래에 있어. 그런데 지금은? 앞에도 있구나! 드디어 다 잡았다!"

» **엉뚱한 음식 찌꺼기 찾기**: "아- 해보자, 오늘은 카레라이스를 먹었구나. 그리고 또 뭐가 있나…… 잠깐! 개구리알이 있네? 저녁에 개구리알을 먹었나? 자세히 좀 봐야겠어…… 어, 아니구나, 렌틸콩 껍질이구나!"

» **양치질 금지하기**: '오늘부터 양치질 금지'라고 말한다. 그래도 아이가 이를 닦으려 한다면 살짝 화를 내자.

» **역할 바꾸기**: 아이에게 먼저 양치질을 대신 해달라고 한다. 그리고 아이가 이를 닦아주는 동안 내내 투덜거리자.

욕실에서 번번이 양치질을 두고 실랑이가 벌어지며 상황에 진전이 없다면 가만히 내버려두는 것도 방법이다. 며칠 동안 이를 닦지 않는다고, 혹은 4주 동안 씻지 않는다고 죽는 아이는 없다. 잘못 쓴 게 아니다. 정말로 '4주', 한 달을 씻지 않더라도 아무 일도 벌어지지 않을 것이다! 내가 보장한다!

> 그냥 내버려두자. 아이를 가만히 놓아두자.
> 문제 위로 풀이 무성하게 자라도록 놔두자.
> 우리가 억지로 뽑는다고 풀이 덜 자라는 것도 아니다.

아이가 원하는 대로 놔두면 나중에 상황이 진정되었을 때, 여전히 아이와 연결 고리를 지닌 채로 미해결된 문제에 다시금 접근할 수 있다. 우리가 이전에 압박을 덜 가했을수록 보다 많은 협조가 가능해진다. 그러면 놀이를 가지고 다시 새롭게 접근하기에 최적의 환경이 조성된다.

잠자리에 들기

아이들이 거부감 없이 자연스럽게 잠자리에 들도록 도와주는 방법으로 '난센스 놀이'가 있다. 이를테면 다음과 같은 놀이다.
"오늘은 어른들만 잠자리에 드는 날이야! 아이들은 자러 가지 않기!"

"잠옷 입기 금지! 잠옷 윗도리 다시 벗을까?"

이 외에도 잠자리에서 내면과 주변에 주의를 기울이는 일종의 명상 놀이를 해도 좋다.

"이리 와봐, 우리 조용히 누워서 무슨 소리가 들리나 귀를 기울여보자. 밖에서 몇 마리의 새가 노래를 하는지, 도로에 오토바이는 몇 대가 지나가는지, 이웃집 개가 오늘 밤에도 짖는지…… 같이 들어볼까?"

고요함과 주의 집중은 하루를 순조롭게 보내도록 도와준다. 이와 관련해 나의 할아버지는 좋은 아이디어를 하나 가지고 있었다.

"제일 먼저 잠드는 사람이 휘파람 불기. 단 잠드는 걸 까먹으면 안 돼!"

아마 오늘날의 뇌과학자들도 우리 할아버지에게 박수를 보낼 것이다. 반드시 잠이 들어야 휘파람을 불 수 있는 이 놀이 덕분에, 우리는 어려서부터 잠드는 행위에 집중하며 몸에 대한 감각을 예민하게 세웠다. 그리하여 침대 밑의 괴물을 상상하며 뒤척일 틈이 없었다.

이와 더불어 비슷한 효과를 낼 수 있는 방법이 하나 더 있다. 저녁에 빨래를 널면서 노래를 부르고, 아이들에게 당신의 노래를 주의 깊게 들어보라고 하자. 그리고 잠자리에서 무슨 노래였는지 떠올리게 하면 대부분의 아이는 노래에 집중하다가 금방 잠이 든다.

자리 이동하기

어디론가 나가거나 들어가야 하는 상황은 부모와 어린 자녀 사이에 잦은 갈등을 유발한다. 아침에 집을 나설 때, 유치원이나 놀이터에서 집으로 돌아갈 때, 친구네에 가거나 친구와 떨어질 때마다 거의 매번 갈등이 일어난다. 여러 자녀교육서를 통해 우리는 장소가 바뀌기 전에 미리 아이들에게 예고해야 한다는 걸 다들 알고 있다. 아이가 자기 결정을 할 수 있도록 충분한 시간을 줘야 하며, 특정 노래나 의식으로 예고를 하는 방법도 좋다고 말이다. 하지만 때로는 이 모든 것이 전혀 도움 되지 않을 때가 있다. 그럴 때는 오직 놀이만이 도움이 된다. 아주 단순하게 그저 아이에게 '지휘권'을 넘기는 놀이로도 문제가 쉽게 풀리곤 한다.

어느 날 오후 나는 아이들과 함께 수영장에서 나왔다. 모두 배도 고프고 지친 상태였다. 차로 향하는 길에 내가 잠시 방심한 사이, 아이들은 어느 틈에 놀이터의 정글짐으로 돌진하고 있었다. 나는 아이들이 정글짐에 기어오르도록 내버려둘 수 없었다. 시부모님과 차를 같이 쓰고 있었기에 얼른 가져다두려면 서둘러야 했다. 그래서 아이들을 향해 크게 외쳤다.

"우리 지금 출발해야 해! 당장 달려와!"

아이들은 (당연히) 아무 반응이 없었다. 그 순산 나는 내가 당장이라도 고함을 칠 상태라는 걸 알아차렸다. 게다가 아이들은 협조적으로 굴기에 너무도 피곤한 상태였다. 그렇다면 무엇을 해야 할까? 무엇을 할 수 있을까? 두 아이를 정글짐에서 억지로 끌어내리는 건 선택지에 없었다. 대신 놀이를 하나 해보기로 마음먹었다.

먼저 아이들에게 다가갔다.

"무슨 놀이 하고 있어? 나도 같이 해도 될까?"

아이들은 '우주' 놀이를 하고 있었고, 나는 우주 비행사의 고양이 역할을 맡게 되었다. 고양이 역할은 나쁘지 않았다. 잠시 동안 나는 아이들의 명령에 따라 정글짐 안을 이리저리 돌아다녔다. 그러다가 갑자기 큰 소리로 외쳤다.

"저 앞에 UFO가 다가오고 있어! 도와줘!"

아이들은 즉시 내가 있는 쪽으로 기어 올라왔다.

"UFO라니! 세상에, 말도 안 돼! 모두 안전한 곳으로 대피해!"

아이들은 급히 숨을 곳을 찾아 뛰어다녔다. 모래더미 근처로

갔다가 시소에 오르고 그네 위로도 올랐지만 그 어디도 안전하지 않았다! 우리를 구해줄 피난처가 필요했다.

"모두 구조 캡슐로 이동해! 모두 구조 캡슐로!"

나는 리모컨으로 자동차 비상등을 켰다. 시커먼 차가 비상등만 깜빡거리고 서 있으니, 정말 우리를 기다리는 우주 글라이더처럼 보였다.

"그래! 구조 캡슐로 들어가자!"

아이들이 크게 소리쳤다. 우리는 미친 사람들처럼 차로 돌진하여 문을 열고, 마지막 힘을 다해 차 안으로 몸을 던졌다. 숨을 가쁘게 몰아쉬며 나는 크게 부르짖었다.

"안전벨트! 곧 이륙이야! 오, 사, 삼, 이, 일……"

나는 시동을 걸었다.

"모두 벨트 채웠지?"

"그럼 당연하지! 빨리 출발해! UFO가 다가오고 있어!"

아이들은 절박하게 외치며 안전벨트를 다급하게 맸다.

"……제로! 이제 출발!"

나는 얼른 주차장을 빠져나온 다음 아이들에게 '비상식량(사과)'을 나누어줬다. 우리는 집으로 가는 내내 웃으면서, 이 '우주 대참사'를 우리가 얼마나 멋지게 극복했는지 이야기하며 무사 귀환을 자축했다. 이 놀이 활동은 모두 합해 10분도 채 걸리지 않았다. 그리고 할아버지, 할머니에게 차를 제 시간에 넘겨드려야 한다는 말을 할 필요도 없었다.

아침에 옷 입기

아침마다 옷을 입는 것도 많은 아이에게는 실감하기 어려운 추상적인 행위이자, 어른들의 쓸데없는 변덕처럼 느껴질 수 있다.
'도대체 왜 지금 당장 나가야 하는 거야?'
'왜 옷을 입어야 하지?'
조금 큰 아이들에게는 말을 통해 미리 알릴 수 있다.
"이제 10분밖에 안 남았어. 제발 얼른 옷 입고 나가자."
옷을 입히기 어려울 때에는 아이들에게 선택지를 줘서 동기를 부여하는 것도 괜찮은 방법이다.
"빨간색 입을래, 아니면 파란색 스웨터로 할래?"
"새로 산 블라우스 꺼낼까, 아니면 새 원피스를 입을까?"
특히 저항이 심한 네 살 미만의 어린아이들에게는 선택권을 주기보다 놀이를 하는 편이 훨씬 수월할 때가 많다.

>> 한 가지 아이디어로 '죽은 사람' 놀이가 있다. 쉽게 말해 마치 죽은 사람처럼 아이를 바닥에 편히 눕히고, 모든 근육을 이완시킨 다음 옷을 입히는 것이다. 이 놀이를 하면서 나는 죽은 이를

대하듯 가능한 한 무심한 태도로 임하되, 동시에 최상의 서비스를 제공하듯 조심스럽게 옷을 입힌다. 특히나 이 놀이는 너무 피곤해하는 어린아이들에게, 잠에서 덜 깬 아침 시간대에 상당히 유용하다. 또 "제발 말 좀 들어!"라고 끊임없이 말하는 데 이골이 난 부모들에게도 적절하다.

>> '나 먼저, 그다음에 너'라는 이름의 놀이도 있다. 즉 아이가 나에게 옷가지를 입혀준 다음, 내가 아이에게 옷을 입히는 식이다.

>> 아이가 '말'이 되어 굴레와 고삐 그리고 안장 등을 채우듯이 옷을 입힐 수도 있고, '소방관'이 되어 방화복을 입는다는 설정으로 옷 입기 놀이를 할 수도 있다.

>> 속옷과 겉옷 그리고 양말에 이르기까지, 옷가지 하나하나를 여기저기 늘어놓고 아이가 집 안을 돌아다니며 자기 옷을 찾아 입도록 하는 놀이도 있다.

일상의 과제를 유머와 상상력으로 풀어가면 즐거움을 얻을 뿐 아니라 아이들 또한 기꺼이 동참하게 된다!

나는 시시한 농담을 굉장히 즐기는 사람으로, 가능한 한 많은 농담을 아이들에게 던지려 한다. 우리 집의 경우 옷을 입을 때 엉뚱한 상황을 하나 만들어내면 언제나 문제없이 쉽게 흘러간다.

"이런 세상에! 나 어떡하지? 양말을 어디다 걸쳐야 하는지 또 까먹었어. 잠깐만…… 여기던가?"

그러면 아이들은 놀라서 비명을 지르고, 나는 종종 양말을 귀에 건다. 팬티를 머리에 쓰거나 스웨터를 다리에 끼우기도 한다. 장담하건대 이런 식으로 옷을 입으면, 아이와 논쟁을 벌이거나 옷가지 하나하나를 두고 싸울 때보다 결코 오랜 시간이 걸리지 않으며 아이는 분명 훨씬 많은 즐거움을 느낄 것이다! 결과적으로는 아이가 옷을 입거나 분위기가 풀어지거나 둘 중 하나는 얻게 된다. 놀이를 통해서 옷을 입히지 못했더라도 분위기가 한결 이완되면 다시 편안한 상태에서 옷 입기를 시도할 수 있다. 이 외에도 아침에 옷 입는 과정을 최소한으로 줄이는 방법도 있다. 다음 날 입을 속옷과 티셔츠 정도는 전날 저녁에 입고 자도 된다. 그럼 다음 날 아침에는 그 위에 바지랑 스웨터만 걸치면 그만이다.

"그거 사줘! 그거 먹고 싶어!"

때때로 아이들은 당장 '여기에 없는' 무언가를 가지고 싶어 한다. 과자, 빨간 불자동차, 초콜릿 케이크 등. 이럴 때는 우리가 아이의 바람에 관심이 있고 이를 전적으로 이해하고 있다는 '신호'를 보내면 도움이 된다. 비록 이를 들어줄 수 없거나 들어주지 않을 생각이라도 말이다. 아이가 피곤하거나 배고프거나 기분이 나쁘거나 혹은 아주 어리다면, 여기에서 순식간에 격렬한 갈등에 빠져들 수 있다. 그럼 놀이를 하자. 놀이는 불필요한 에너지 소모를 크게 줄여준다.

다른 가족들과 함께 '야생 체험 캠프'를 하던 어느 날, 우리 아이들이 무조건 곰돌이 젤리를 먹어야겠다고 고집을 부렸다. 그러나 원시생활을 체험하는 이 캠프에서는 원칙적으로 설탕이 들어간 음식은 먹을 수 없었다. 게다가 마침 점심 식사 30분 전이라 아이들은 이미 배가 고픈 상태였다. 일일이 설명하며 달랠 수도 있겠지만, 경험상 "지금 네 혈당이 낮게 떨어져 있으니까 젤리 말고 쌀 뻥튀기를 먹어"라는 제안에 아이들이 열광할 것 같지는 않았다.

나는 이름하여 '젤리곰 소나기' 놀이를 시도했다.

"아, 곰돌이 젤리……."

나는 마치 꿈을 꾸듯이 중얼거렸다.

"그래, 그거 정말 좋은 생각이야! 나도 젤리곰 먹고 싶어!"

이런 말은 아이들에게 다음과 같은 사인을 준다.

'나는 너희를 지켜보고 있고 너희의 바람에 관심이 있어. 그리고 너희의 욕구는 지극히 정당해.'

당시 나는 아이들의 마음에 공감하며 아이들과의 감정 교류를 유지하는 것이 가장 중요했다.

그러자 아이들이 외쳤다.

"엄마가 가져오면 되잖아!"

나는 풀이 죽은 채 주저앉으며 답했다.

"여기 캠프에는 젤리곰이 하나도 없어. 하지만 잠깐만……."

나는 두 손을 머리 위로 뻗으며 목소리를 높였다.

"신이시여! 지금 우리는 곰돌이 젤리를 원해요! 곰돌이 젤리 비를 내려주세요!"

그러고는 쏟아지는 젤리곰 소나기를 피하듯 몸을 한껏 움츠렸다. 나는 연신 투덜대며 하염없이 내리는 젤리곰을 잡으려 했지만, (당연히) 단 하나도 손에 잡히지 않았다! 아이들은 데굴데굴 구르며 웃었다.

"한 번 더! 한 번만 더!"

그리하여 캠프에 참가한 모든 어른은 젤리곰을 내려달라고 하늘에 빌고, 사정없이 쏟아지는 상상 속의 젤리곰 소나기를 피해 움츠리며 구시렁거려야 했다. 덕분에 우리 집을 비롯한 모든 아이는 점심시간까지 깔깔대며 웃었고, 젤리 생각은 까맣게 잊었다.

아이들은 익숙한 반복을 싫어한다

나이가 어린 아이들은 같은 것을 반복하기를 좋아하지 않는다. 하지만 익숙한 방식에서 살짝 벗어나기만 해도, 거의 모든 것을 아이와 함께 다시 반복할 수 있다.

우리 아이들과 나는 '엉뚱한 퍼즐'이라 불리는 놀이를 할 때마다 시간 가는 줄을 모른다. 나는 매번 아이들과 똑같은 퍼즐을 맞추는 게 지루하고 싫증이 나서 이 놀이를 시작하게 되었다. 짜증을 내며 아이들을 밀어내거나 화를 삼키는 대신 다른 해결책을 찾기로 했다.

'엉뚱한 퍼즐' 놀이에서 나는 일부러 바보처럼 행동한다. 퍼즐을 맞추다가 언젠가 지루한 순간이 오면, 문득 아이들에게 내가 '바보'임을 선언한다.

"이것 좀 봐. 이 퍼즐 조각은 여기가 아니라 저기에 맞는다니까! 내가 보장할게!"

그러면서 파란 하늘에 해당되는 조각을 초록 잔디 부분에 끼워 넣는다. 그럼 아이들은 상황을 곧바로 파악하고, 그 순간부터 우리는 아주 우스꽝스러운 그림을 만들어내며 퍼즐을 끼운다. 완성된 '작품'에는 재미난 이름을 붙이고 배꼽이 빠져라 웃는다.

잠이 부족하거나 일상에 지쳐 있으면 흥미로운 놀이를 새로 생각해내기가 그리 쉽지 않다. 그러므로 각 가정마다 기본적인 레퍼토리를 마련해두는 게 도움 된다. 언제든지 시작할 수 있고 스트레스에 빠졌을 때나 아이와의 갈등 상황을 부드럽게 전환하고자 할 때 상당히 유용하다.

16 DAY
하루 동안 아이에게
모든 걸 결정할 권력을 주자

개인적으로 나는 여러 놀이 가운데 '권력 전환' 놀이가 많은 아이에게 가장 중요하며 꼭 필요하다고 생각한다. 이를테면 놀이 안에서 아이가 주인공이 되고 강자의 역할을 맡도록 우리가 판을 깔아주는 것이다. 권력 전환 놀이는 아이들이 무슨 놀이를 할지 스스로 결정하는 데서 시작된다. 앞서 소개한 심리학자 알레사 솔터는 각 아이마다 무조건 최소 일주일에 한 번 약 30분 동안, 자기가 하고 싶은 놀이를 직접 정하여 주도적으로 놀게 해주라고 권한다.

가정에서 쉽게 할 만한 권력 전환 놀이로는 베개 싸움이 있다. 이때 부모들은 과도한 몸짓을 하며 바닥에 쓰러져줘야 한다. 아니면 사냥 놀이도 있다. 여기에서 우리는 계속 비틀거리며 제 발에 걸려 넘어져야 한다. 다소 어색하고 우스꽝스럽기는 하지만 이 놀이에서 주인공은 빠르고 노련한 우리 아이들이며, 우리는 그들에게 손쉽게 잡히는 사냥감이 되어야 한다.

경쟁하는 놀이의 대부분은 굉장한 재미를 선사한다. 이 놀이를 통해 우리는 즐거움을 얻기 위해 언제나 반드시 강자가 될 필요는 없다는 '본보기'를 보여줄 수 있다.

자립심 강화 솔루션

"오늘 하루는 너희가 계획해봐!"

아이들은 부모가 세운 하루의 계획에 매번 열광하지는 않는다. 그리고 그 계획이란 평범한 일상에서 크게 벗어나지 않는다. 주말이나 휴일에는 일단 장을 보러 나가야 하고, 가까운 친척집에 방문하는 정도가 전부다. 그렇다고 벌써 스무 번이나 갔던 어린이 박물관에 또 가고 싶지는 않다. 가족의 주말을 계획하는 주제를 갖고도 권력 전환 놀이를 시도해볼 수 있다. 아이 하나 또는 여럿이서 머리를 짜서 그날 하루를 계획하도록 전적으로 맡겨보자. 아이들이 너무 어리다면 오늘 무엇을 하고 싶은지 물어보며 대답에 따라 적절히 계획을 세우면 된다. 아이가 자랄수록 계획에 더욱 적극적으로 끌어들여, 아이가 보다 주도적으로 가족의 하루를 계획하고 이끌어가도록 맡겨보자. 그러면 아이들은 단순히 놀이동산에 가고 싶다거나 만화영화를 보고 싶다고 말하는 데서 그치지 않고, 운영 시간과 교통편 등을 자주적으로 (또는 우리의 도움을 받아) 알아보게 된다. 돌아오는 길에 마트에 들러 군것질거리를 사거나, 경우에 따라 저녁에 영화 관람 일정을 끼워 넣거나 취소하는 일 또한 모두 아이의 권한이다. 물론 필요에 따라서는 부모가 거들어주되, "것봐, 그렇게 계획하면 낭비가 너무 심하잖아"라고 일일이 참견하고 토를 다는 행동은 절대 금물이다.

이를 통해 아이는 자유(로운 결정)에는 (계획이라는) 책임이 따른다는 것, 즉 '권리에는 의무가 따른다'는 사실을 몸소 배우게 된다.

평생 가는 자긍심을 심어주자

어른은 분명 아이보다 강하다. 그런데 어린 시절에 자신이 어른보다 강할 수도 있다는 걸 배우면 평생의 자산이 된다. 이런 경험은 몸과 마음에 여유를 심어주고 긴장을 크게 풀어준다. 이 방면에서 최고의 전문가였던 나의 할아버지는, 내가 어릴 적에 아주 단순하면서도 놀라운 '의식'을 치르곤 했다.

할아버지는 늘 물병을 지니고 다녔다.

"할아버지, 뚜껑이 안 열려요!"

내가 말하면 할아버지는 물병을 가져다가 온 힘을 다해 뚜껑을 돌렸다. 그런 다음 나에게 다시 건네주며 이렇게 말했다.

"아무리 해도 안 열리네. 나도 못 열겠어. 다시 한 번 해볼래?"

당연히 할아버지는 내가 바로 열 수 있도록 뚜껑을 거의 다 돌려놓고는 내게 건넸다. 내가 뚜껑을 열자마자 우리 두 사람은 서로 눈을 마주치며 웃었고, 할아버지는 깜짝 놀란 시늉을 하며 크게 외쳤다.

"너는 정말 강한 아이구나!"

우리는 그게 하나의 놀이라는 걸 암묵적으로 알고 있었다. 그럼에도 매번 즐거웠다. 할머니 역시 내가 무슨 일을 해낼 때마다 항상 감탄하며 나의 강인함을 높이 치켜세웠고, 그러면서 함께 웃곤 했다. 말하자면 우리에게는 우리만의 '공동 언어'가 있었다. 우리 사이에는 재미가 가득했고, 나에게 할아버지는 내가 아는 최고로 멋진 어른이었다.

17 DAY

숨겨진 욕구를 읽으면
아이에게 필요한 놀이가 보인다

　이번에는 서로의 의견이 충돌함으로써 벌어지는 갈등 상황과 이를 해결하는 다양한 방법을 살펴보려 한다.

　매년 여름이면 나는 많은 가족을 소집해 함께 캠프를 개최한다. 이 캠프에서 부모와 자녀들은 일주일 동안 같이 자연 속에 머물며 다양한 행사와 세미나에 참가한다. 캠프 도중 한번은 이런 상황이 있었다.

　세 살짜리 엘레나가 날카로운 칼을 집자 아이의 어머니는 얼른 칼을 뺏어 들었다. 물론 설명이 동반되기는 했지만 칼은 이미 빼앗긴 뒤였다. 그리하여 엘레나는 짜증과 좌절을 느끼며 울고 소리치기 시작했다. 나는 엘레나에게 다가가, 한데 묶여 달그락 소리가 나는 숟가락 두 개를 건넸다. 그러고는 엘레나가 숟가락을 잡으려는 순간 온 힘을 다해 숟가락을 꽉 붙잡는 척

연기를 했다. 아이는 내 손에서 숟가락을 빼내려 했고, 나는 다시금 혼신의 힘을 들이는 척하며 숟가락을 잡아당겼다. 그리고 마지막으로 아이가 내 손에서 숟가락을 '낚아채며' 끝이 났다. 엘레나는 내가 보인 약한 모습이 연기임을 알았지만, 그건 중요하지 않았다. 우리 둘은 이게 하나의 놀이라는 걸 알았고 마음껏 웃었다.

엘레나는 이 놀이가 마음에 들었는지 30분 뒤에 다시 나를 찾아와 숟가락을 건넸다. 나는 크게 반기며 아이가 건넨 숟가락을 잡았고, 온 힘을 다해 쥐는 척하며 다시금 아이가 숟가락을 뺏어가도록 놔주었다. 엘레나는 조금 전에 자신이 느낀 무력감이 사라질 때까지 이 놀이를 계속 반복했다. 놀이를 통해 아이는 나를 '제압'함으로써 무력감 대신 강인함을 느꼈고, 그러면서 서서히 긴장이 풀려갔다. 잠시 뒤 다른 아이가 그 놀이로 엘레나를 이겼고, 바로 뒤에 엘레나는 나를 더 강하게 제압했다. 엘레나는 그렇게 힘의 조화를 배웠다.

오늘은 달달한 날

달콤한 군것질을 두고 아이들과 씨름하는 부모가 적지 않을 것이다. 언젠가 나는 하루를 단 음식만 먹는 날로 정하면서 이 문제를 풀었다.

어느 토요일 아침, 문득 나는 '단 음식을 많이 먹으면 건강에 나쁘다고 끊임없이 말하는 일이 지겹다'고 선포해버렸다. 그러면서 '오늘의 표어'를 내걸었다.

"오늘 어린이들은 오직 단 음식만 먹는다! 하루 종일! 오늘은 달달한 날이야!"

그러자 아이들은 환호성을 질렀다. 나는 집 안에 있던 초콜릿, 사탕, 껌, 젤리, 케이크, 머핀 등을 모두 식탁 위에 쏟았다. 당시 네 살이었던 딸은 크게 열광하며 아침 7시 10분에 첫 번째 초콜릿바를 입에 넣었다. 이후 네 개의 초콜릿이 연달아 입으로 들어갔고, 내가 아이들의 행동반경 내에 몰래 한 바구니를 더 담아놓을 때까지 아무도 멈추지 않았다.

12시 반이 될 무렵, 아이들이 점심은 언제 먹냐고 물었다. 나는 '아주 엄한 엄마'처럼 말했다.

"아직 곰돌이 젤리를 다 먹어 치우지 않았잖아. 집 안에 있는 모든 달달한 것들이 사라지기 전까지 다른 건 생각하지도 마!"

그럼에도 아이들은 계속 떼를 썼다.

"엄마, 나 빵 하나 먹으면 안 돼요?"

"안 돼, 우리 집 안에 초콜릿이 남아 있는 한 빵은 없어!"

"엄마, 사과 하나만 먹으면 안 돼요?"

"케이크 다 먹었니? 아직 남았다고? 그럼 사과는 먹을 생각도 마!"

이제껏 그런 식으로 말한 적이 한 번도 없었기 때문에, 뭔가 이상하고 우스꽝스럽기 짝이 없었다. 우리는 어느 순간 웃음이 터졌고 한동안 숨이 넘어갈 정도로 웃어댔다. 아이들의 손안에는 젤리곰이 가득 쥐어져 있었고 입가는 초콜릿 범벅이었다. 이른 오후 즈음 아이들은 두 손을 들었다. 속이 좋지 않아 더 이상은 먹을 수 없다며, 샐러드와 감자를 달라고 졸랐다. 단 음식 파티가 슬슬 지겨워지자 아이들은 더 이상 즐거워하지 않았다. 그러면서 뭔가 제대로 된 음식을 원했다! 당연히 나는 아이들의 '소원'을 들어주기로 했다. 내가 감자를 깎는 동안 아이들은 감사해하며 당근을 입에 넣고 아삭아삭 씹었다.

이를 통해 아이들은 교훈을 하나 얻게 된다. 달콤한 음식은 좋지만 적당히 먹어야 하며, 적정선을 넘어서면 하나도 즐겁지 않다는 것을 말이다.

우리 집은 이 실험을 상당한 간격을 두고 이따금 반복한다. 그리고 한 번 진행하고 나면, 단 음식을 얼마나 먹어도 되는지를 두고 논쟁하는 일이 확연히 줄어든다.

'꼭 해야 하는 일'도 여기에 적용할 수 있다.

"제발 안전벨트 좀 매지 마! 설마 지금 벨트에 손 올린 거 아니지? 만지지도 말자!"(물론 누구 하나라도 벨트를 매지 않는 한 출발하지 않는다.)

이런 전환 놀이는 일상적인 상황 속에 숨어 있는 문제들이 갑자기 터지지 않도록 도와준다.

반드시 지켜야 하는 규칙이 있다면

아이에게 지속적으로 반복하는 지시나 명령이 있다면, 아이만을 위한 명령이 아니라 모두에게 해당되는 명령이라는 사실을 분명히 설명할 필요가 있다.

　새로운 집으로 이사를 갔을 때, 우리는 하루아침에 굉장히 밝고 깔끔한 마루가 생겨 이를 잘 관리해야 했다. 그래서 이때부터 신발은 바깥에 두기로 결정했다. 물론 처음에는 아이들에게 계속 지적하며 주의를 환기해야 했다.

　"제발 신발 벗고 들어와!"

　이런 지시와 명령이 계속되면 금방 짜증이 나기 쉽다. 하지만 우리 아이들은 내가 지적을 할 때마다 즐거워했다. 비밀은 일종의 놀이에 있었다. 나는 아이들뿐 아니라 내가 실수로 신발을 신고 들어올 때에도 엄격한 부모들이 주로 하는 판에 박힌 잔소리를 나에게 퍼부었다. 그래서 내가 더 엄하게 굴수록 아이들은 더욱 재미있어 했다.

　"니콜라! 너 또 신발 신고 들어왔지! 그러면 안 된다고 몇 번이나 말하니! 새집이잖아, 새집! 신발 벗어, 지금 당장! 빨리! 어휴, 지긋지긋해!"

그럼 아이들은 바닥을 구르며 박장대소를 한다.

한번은 아들이 웃으며 이런 말을 했다.

"저렇게 무섭고 엄하면 아무도 우리 엄마랑 말하고 싶지 않을걸! 그치?"

웃음은 인생이라는 크고 작은 물결 속에서
우리를 구해줄 '구명선'이다. 그리고 언제나 우리 곁에 있다.

샐러드는 어른들만 먹기!

언제부터인가 나는 아이들에게, 건강에 좋으니 제발 날채소 좀 먹으라고 연신 부탁하기 시작했다. 그럼에도 세 살 그리고 여섯 살이었던 아이들은 채소에는 손도 대지 않았다. 어느 날 문득 회의감을 느끼며 스스로에게 물었다.

'아이들은 계속 고집을 부리고, 나는 무슨 주술이라도 외우듯 헛된 말을 반복하고…… 대체 이게 누구를 위한 일이지?'

나에게 조금 화가 났다.

그날 나는 신경이 살짝 곤두선 채로 샐러드를 식탁 위에 놓으며 모두에게 선언했다.

"오늘 샐러드는 어른들만 먹을 거야. 아이들은 샐러드 없어!"

그러고는 몸을 돌렸다. 놀랍게도 곧바로 등 뒤에서, 조그마한 이로 당근을 갉아먹는 소리가 들렸다.

나는 다시 아이들 쪽으로 몸을 돌리며 대단히 분노한 듯이 말했다.

"너희 거기서 뭐 하는 거야! 샐러드는 어른들 거라니까! 입에 있는 당근 얼른 도로 뱉어!"

아이들은 데굴데굴 구르며 웃었고, 오이 조각을 잇달아 입에 쑤셔 넣으면서 내가 깜짝 놀라는 모습을 보며 즐거워했다. 아이들은 이게 다 놀이라는 걸 알았고, 즐거워하는 아이들을 보며 내 기분도 풀렸다.

그로부터 얼마 지나지 않아 나는 아이들에게 이런 부탁을 받았다.

"엄마, 우리 '샐러드는 어른들만 먹기' 놀이 또 하면 안 돼요?"

그날 이후로 우리 집에서 '날채소 먹기'는 더 이상 심각한 대화 거리가 되지 않았다.

아기 놀이

이 외에도 내가 아이들과 힘의 균형을 맞추기 위해 시도하는 매우 중요한 놀이가 있는데, 나는 이를 '퇴행 놀이' 또는 '아기 놀이'라 부른다. 즉, 자녀가 지금보다 훨씬 더 어렸을 때 우리가 다루었던 방식 그대로 아이를 대하는 것이다. 아이들은 툭하면 "안아줘! 아기 노래 불러줘!"라며 보채곤 한다. 특히 가족들 간에 스트레스가 가득 쌓여 있을 때 이런 행동이 두드러진다. 부모들 입장에서는 현실을 직시하기가 몹시 괴롭겠지만, 이를 간과하지 말고 눈여겨봐야 한다. 예컨대 출산이나 이혼 또는 별거로 인해 가족 모두에게 과도한 부담이 가해질 때, '다 큰' 네 살짜리 아이가 다시 안아달라고 떼를 쓰는 경우가 종종 있다. 그럴 때는 최대한 일찍이, 보다 집중적으로 욕구를 충족시켜줄수록 보채는 행위가 빨리 사라지며, 아이의 상처도 어느 정도 회복된다.

따라서 자녀가 퇴행 놀이를 해달라고 조르며 더 어린 아기가 되기를 원한다면, 아이의 행동에 주의를 기울이며 곧바로 받아주면 좋다. 우리가 빠르게 대응하고 받아들일수록 아이는 다시금 '큰 아이'로 돌아올 수 있다. 다 큰 아이를 마치 아기처럼 정성스레 돌보는 경험은 심지어 우리 어른들에게도 여러 면에서 치유의 효과를 준다.

알레사 솔터는 말한다.

"퇴행 놀이는 아이들의 부담을 덜어줄 뿐 아니라, 자립으로 향하는 첫 번째 발걸음이라 할 수 있다. 자녀가 종종 아기처럼 행동하기 시작했다면, 이는 하나의 발달 과정을 마치고 다음 단계로 넘어가고 있다는 이정표이기도 하다."

원시 놀이: 경쟁을 대신하는 놀이

우리에게 익숙한 수많은 놀이는 경쟁이 주를 이룬다. 이런 놀이를 통해 아이들은 이기는 걸 배운다. 우리 사회는 경쟁 놀이에 많은 의미를 부여하는 경향이 있는데, 그 이유는 고유의 문화에 있다.

> 세상에는 경쟁에 전혀 관심이 없는 문화권이 있다.
> 경쟁보다 협동이 그들의 생존에 도움 되기 때문이다.

일종의 '내기 놀이'를 통해서는 우리가 바꿀 수 없는 것을 받아들이는 법을 배운다. 주사위를 던졌으면 주사위에 나온 대로 따라야만 하기 때문이다. 한편 우리의 일상은 주사위에 운명이 내맡겨지는 보드게임처럼 마냥 속수무책은 아니며 어느 정도

뜻대로 돌파할 수 있다. 따라서 우리는 일상에 대한 통제 욕구가 상당히 크다. 스스로를 통제하며 원하는 대로 삶을 이끌어가고 싶기 때문이다. 그러므로 이런 내기 놀이는 좌절에 대한 내성을 키우는 훈련에 도움이 된다.

미국의 심리학자이자 연구가인 프레드 도널드슨Fred Donaldson은 1970년대에 '원시 놀이Original Play'라는 놀이법을 고안했다. 아이들이 늑대나 고래와 놀듯이 야생에 가깝게 놀아야 한다는 그의 방법론은 학술적 토대도 그리 탄탄하지 않으며 이론異論의 여지가 없는 것도 아니다. 그럼에도 여기에서 언급하려는 이유는 힘겨루기나 간질이기를 대체할 수 있는 대안이 되기 때문이다.

원시 놀이의 규칙은 간단하다. 우선 때리거나 발로 차는 등 서로에게 고통을 주는 행위는 금지다. 이 놀이는 바닥 위에서 시작되며 마치 동물처럼 네 발로 움직여야 한다. 그러면서 서로 몸을 부비고, 밀고, 넘어뜨리고, 기어오르고, 상대를 속이는 동작을 하고, 물러서고, 뒤에서 덮치는 등의 행위를 자유롭게 주고받는다. 다시 말하면 공격적인 충돌 없이 지극히 육체적인 상태가 되어, 이기거나 지는 쪽 없이 자신과 상대의 힘을 온전히 느끼는 것이다. 더불어 이 놀이는 아이가 어른을 밀어 넘어뜨리고 어른 위로 기어오르고 어른과 한데 얽혀 뒹굴면서도, 어른에게서 부드럽고 다정한 반응이 돌아오기 때문에 다른 모든 놀이들처럼 갈등을 풀어주는 데 유용하다.

도널드슨은 이런 방식의 놀이가 인간을 치유하고 회복시킬 수 있다고 믿는다. 이에 대한 구체적인 연구 사례는 없지만, 한 가지는 분명해 보인다. 원시 놀이는 분명 즐거움을 주며, 간질이기나 베개 싸움, 달리기 경주 등을 대신할 훌륭한 대안이라는 것이다.

행동 뒤에 숨겨진 욕구를 읽어주자

아이와의 갈등 상황에는 대부분 해소되지 않은 욕구나 이해 충돌이 숨겨져 있다. 따라서 대립과 마찰이 있을 때마다 제일 먼저 다음과 같은 물음을 던지면 도움이 될 것이다.

'저 행동 뒤에는 어떤 욕구가 있는 걸까?'
'왜 채소를 먹지 않는 걸까?'
'왜 신발을 신지 않는 걸까?'
'왜 다투는 걸까?'
'왜 지금 같이 가기를 거부하는 걸까?'

내가 매년 개최하는 캠프 세미나는 '아이들은 부모를 화나게 할 생각이 없다'라는 전제에서 출발한다. 다시 말해 아이들은 부모가 짜증 나고 화나는 걸 원치 않는다. 그럼 대체 뭘 원하는 걸까? 왜 필요한 걸 말하는 대신 물건을 바닥에 내동댕이치고 소리를 지르는 걸까?

이를 살펴보기 위한 첫 번째 단계로, 우리가 아이들에게 얼마나 많이 그리고 자주 무언가를 요구하는지 돌아봐야 한다. 어른들도 필수로 지켜야 할 요구 사항이 반복해서 주어지면 견디기가 힘들다. 그리고 우리가 '원하는' 것이 우리에게 정말로 '필요한' 것이 아닐 때도 종종 있다. 이를테면 이런 식이다.

> » 우리는 커피를 원한다. 하지만 실제로는 잠이 더 필요하다.
> » 우리는 설탕을 원한다. 하지만 실제로는 신체 접촉이 부족하다.
> » 우리는 일을 원한다. 하지만 실제로는 불편한 주제를 두고 씨름하고 싶지는 않다.

아이들도 이와 다르지 않다. 부모가 아이에게 무언가를 요구하고 기대하더라도, 아이는 배가 고프고 피곤하며 애정이 필요하고 힘이 충분치 않아서 기대에 부응하기 힘들 수 있다. 그리고 아직은 스스로의 욕구를 제대로 표현할 줄도 모른다. 따라서 아이가 무엇을 필요로 하는지 끄집어내고 알아내는 것이 부모의 역할이다. 욕구를 알아냈다면 해결책을 아이와 함께 찾아볼 수 있다. 같이 이야기를 하거나, 분명한 경계를 세우거나, 상황을 놀이로 풀며 갈등의 불씨를 없애는 것이다.

어떻게 '제대로' 놀아줄 수 있을까?

여기에 대한 답을 찾기 위해 굳이 전문가를 찾을 필요는 없다. 그저 우리 '내면의 어린아이'에게 물어보면 된다. 우리 안에 자리한 어린아이가 답을 아주 정확하게 알고 있으니 말이다! 어린 시절을 한번 떠올려보자. 아이 시절에 당신은 주로 어떤 어른과 즐겁고 신나게 놀았는가? 그리고 그 이유는 무엇인가? 이를 간단하게 적어 목록을 만들어보자. 어린아이로 돌아가 어떻게 놀아야 정말 재미있는지 생생하게 실감하며, 아이들의 마음을 헤아려보자!

1. 내가 아이일 때 뭘 하면 즐거웠나

갈등을 놀이하듯이 풀거나 혹은 놀이를 통해 갈등의 불씨를 아예 제거하려면, 먼저 어린아이였을 때 당신이 어떤 마음으로 놀았는지를 떠올려야 한다. 당신은 어떤 놀이를 즐겨 했는가? 놀이에서 이길 때의 마음은 어땠는가? 지는 순간에는 어땠는가? 누구와 함께 놀 때 유독 즐거웠고 그 이유는 무엇일까? 같이 놀고 싶지 않았던 어른은 누구이며 왜 그렇게 별로였는가?

    내가 가족 캠프나 세미나에 참가하는 부모들에게 이런 질문을 건넬 때마다 결과는 늘 같았다. 우리 중 누구도, 어린 우리보다 매번 더 똑똑하고 강하고 빠르며 심지어 이를 뽐내고 으스대는 어른들과 놀고 싶어 하지 않았다. 어린아이인 우리가 한 번씩 이기게끔 해주는 어른들을 좋아했다. 어린 시절 우리는 아버지가 베개 싸움에서 한 방에 넘어갈 수 없다는 걸 분명히 알았다. 그럼에도 아버지가 극적으로 바닥에 쓰러지면 너무나도 신나고 즐거웠다! 놀이에서 지면 짜증이 났고 이기면 마냥 기뻤다.

2. 의미 있는 놀이를 위한 최소한의 규칙

각자의 머릿속에 있는 경험들은 아이와의 놀이를 재미있게 풀어가는 데 상당히 중요한 힌트가 된다. 또는 한 걸음 더 나아가, 아이들과 놀면서 혹시 모를 갈등을 재미나게 풀어보겠다는 진심을 마음속에 품고 있으면 더욱 좋다. 단 아이들과 놀이를 할 때에는 몇 가지 규칙을 준수해야 한다.

>> 아이를 놀리거나 조롱하며 웃음거리로 만들어서는 절대 안 된다.
>> 놀이의 규칙을 완강히 고집해서는 안 된다.
>> 아이가 떠올린 묘안에는 "좋아"나 "그래"라고 답하며, 아무리 엉뚱하고 어리석은 생각이라도 열린 마음으로 수용해준다.
>> 최대한 자유롭게 풀어놓고 아이가 우리를 '압도'하도록 놔둔다.
>> 아이가 정말 믿을 만큼 '제대로 져준다'.

"시간을 얻기 위해 시간을 잃는다"는 말을 기본 원칙으로 삼으면, 실제로 많은 것을 얻을 수 있다. 아이에게 푸념을 하거나 야단을 치면 더욱 빨리 말을 듣고 상황이 얼른 제자리를 찾을 거라 착각할 수 있다. 하지만 갑자기 터진 싸움을 거친 말로 꾸짖어버리고 나중에 가서 우는 아이를 달랜다면, 실제로는 아무것도 얻지 못하게 된다. 잔소리, 호통, 훈계보다는 소박한 놀이를 하나 하는 편이 훨씬 의미 있다. 이는 보통 5분을 넘기지 않는다. 그리고 놀이를 마치고 나면 팽팽했던 상황은 비교적 쉽게 완화된다.

단 이 모든 것에서 반드시 유념할 사항이 있다. 세상에 만병통치약은 없다는 것이다. 어떤 아이들은 특정 놀이를 통해 아주 순조롭게 우리가 원하는 방향으로 나아갈 수 있는 반면 같은 놀이라도 다른 아이들에게는 전혀 먹히지 않을 수도 있다. 그러므로 다른 가정의 놀이 아이디어를 따라서 시도해보면서, 각 가정의 분위기와 아이 성향에 맞는 놀이를 스스로 찾아내는 일 또한 중요하다.

Key Point

- 아이들은 우리를 화나게 하려고 담을 쌓으며 버티는 것이 아니다. 다만 혼자 마음대로 결정해보고 싶어서, 규칙을 받아들일 수 없어서, 또는 부모가 자신에게 무엇을 원하는지 이해하지 못해서 그럴 뿐이다.
- 힘의 불균형으로 인한 갈등에 빠지면 대화로만 풀기는 어렵다. 이럴 때 놀이는 마법 같은 힘을 발휘한다.
- 부모가 너무 많은 결정을 단독으로 내리면 아이들은 종종 무력감을 느낀다. 이로 인한 스트레스는 권력 전환 놀이로 해소할 수 있다.
- 아이와 놀 때는 진심을 다해 임해야 하며, 까다롭게 굴거나 고집을 피우지 않도록 주의해야 한다. 그러지 않으면 재미도 의미도 없는 시간이 되고 만다.
- 밥을 먹거나 이를 닦는 상황에서 흔히 벌어지는 갈등은 미리 준비해 놓은 한두 가지 아이디어를 바탕으로 놀이하듯 푸는 게 가장 좋다.
- 스트레스가 가득한 상태에서 놀이를 하라는 게, 일거리 하나를 더 얹어주는 요구로 들릴지도 모른다. 그러나 놀이는 언쟁을 주고받는 것보다 훨씬 짧은 시간이 걸리고, 심지어 즐겁고 유쾌하다.
- 모든 놀이가 모든 아이에게 똑같은 효과를 발휘하는 건 아니다. 그러니 다양한 놀이를 시험 삼아 해보면서 아이에게 맞는 놀거리를 찾아가는 것이 좋다.

문제 해결
규칙은 단순하게, 지시는 분명하게

아이들은 모든 걸 결정할 힘이 없다. 그리고 모든 결정을 내리게 해서도 안 된다. 아이들은 모두 자기 마음대로 결정하기를 원하지 않으며, 단지 결정에 '동참하길' 바란다. 그러면서 왜 집안일을 도와야 하는지, 왜 자기 방을 정리해야 하는지, 또는 왜 식사 시간에 예의 바르게 행동해야 하는지 등을 '이해하길' 원한다. 이번 장에서는 아이들이 우리 말에 협조하도록 이끌기 위한 디테일한 소통법을 다루고자 한다.

18 DAY
부모가 결정해야 하는 것과 아이가 결정해도 되는 것

원칙적으로 부모는 아이와 관계된 모든 결정에 아이를 직접 참여시킬 수 있다. 아이의 의사가 우선시되거나 혼자서 결정을 내릴 수 없는 사안이라도 우선은 아이 생각을 묻고 의견에 귀를 기울여야 한다.

아이의 의견과 상관없이 부모가 단독으로 결정해도 되는 것은 무엇인지 묻는다면 답은 매우 간단하다. 건강과 안전에 관한 모든 결정은 결국 풍부한 경험을 지닌 쪽이 내려야 한다. 예컨대 '저 화물차가 얼마나 멀리 떨어져 있고 얼마나 빠른 속도로 우리를 향해 돌진할 건지' 가늠할 수 있는 인간이 맡아야 한다. 미취학 아동은 아직 이런 판단이 불가능하다.

건강에 관한 결정으로는 영양 섭취 문제가 있다. 물론 여기에서, 무엇을 사다가 어떻게 먹일지는 기본적으로 부모가 결정한다. 하지만 얼마만큼 먹을지는 아이들에게 맡겨도 되며 그래야 한다.

안전과 관련된 주제에서는 어떻게 길을 건너고, 차에서 안전벨트를 어떻게 매며, 불이나 위험한 물건은 어떻게 다루어야 하는지 등의 문제는 부모의 권한에 속한다.

긍정의 뇌

아이와의 의사소통이 중요한 이유를 뒷받침하는 학술적 토대는 풍부하다. 동일한 인격체로서 의사소통을 해야 한다는 등의 모든 이론적 개념들을 넘어, 아주 실용적으로 우리 아이들의 두뇌를 들여다보며 그곳에서 무슨 일이 일어나는지, 무엇이 잘 작동하고 또 무엇이 제대로 작동하지 못하는지를 파악하면 의사소통이 왜 중요하고 어떻게 소통해야 하는지가 분명해진다.

가장 중요한 근거 중 하나는 이미 앞에서 다루었다. 나는 앞서 아이의 두뇌가 '긍정 모드'여야 하며 'Yes'로 가득한 환경에 머물러야 한다고 강조했다. 거절당하는 순간 아이는 곧바로 제압당하거나 스트레스를 받는 기분이 들며, 더 이상 아무것도 이해하지 못하고 학습하지도 못하게 된다. 또 부모가 대화로써 아이의 행동을 교정하고자 한다면, 그 훈육의 '목적'을 명확히 해두어야 한다. 쉽게 말해 그 목적의 우선순위에 아이의 '순종'이 있다면, 아이가 독립적으로 사고하고 행동하기를 장려할(이 책이 추구하는 목표이기도 하다) 때와는 다른 소통 전략을 사용해야 한다.

여기서 한 가지 알아둘 것은, 결정에 동참하고 자주적으로 의견을 내며 자란 아이들이 그렇지 못한 아이들보다 훨씬 경쾌하고 단순한 삶을 누린다는 사실이다. 많은 연구 결과가 이를 증명한다.

당신이 아이에게 원하고 요구할 수 있는 태도는 무엇이며 어떤 방식으로 접근해야 효과적일까?

아이의 두뇌가 할 수 있는 것과 할 수 없는 것

부모들은 자녀의 두뇌가 아직 온전히 발달하지 않았음을 날마다 분명히 인지하고 있어야 한다. 인간의 두뇌는 대체로 20대 초반이 되어서야 비로소 충분히 성숙한다.

아이가 한 살이나 두 살 또는 이제 막 세 살이라면, 누군가를 때렸을 때 그가 아픔을 느낀다는 걸 상상조차 하지 못한다. 또한 이 또래의 아이들은 다른 사람과 입장을 바꾸어 생각하지 못

한다. 예를 들어 누군가 아무런 의도 없이 무언가를 행했더라도 이를 전혀 이해하지 못한다. 아이들은 이런 개념들을 부모에게서 '아주 천천히' 배운다. 그러므로 우리는 다음과 같이 가르쳐야 한다.

"저것 좀 봐, 친구가 저렇게 쳐다보면 슬프다는 뜻이야."

"네가 때리면 친구는 아파."

"맞아, 저 아이가 네 탑을 무너뜨렸어. 하지만 그냥 지나가려다가 그런 거야. 일부러 무너뜨리려는 의도는 아니었어. 그렇지?"

한편 부모들이 남자아이들보다는 여자아이들과 감정에 대한 대화를 훨씬 자주 나눈다는 연구 결과가 있다. 그러나 여자아이든 남자아이든 상관없이, 두 성별 모두 이런 훈련이 동일한 수준으로 필요하다!

> 아이와 서로의 감정에 관한 대화를 비롯해
> 다른 사람의 상황과 감정에 대해 많은 이야기를 나눌수록,
> 아이는 타인의 입장이 되어 생각하는 방법을
> 더욱 빠르게 학습하게 된다.

아이의 사유 세계에 타인에 대한 이해와 배려가 자리 잡으려면, 대략 학교에 들어갈 나이가 될 때까지 부모가 일일이 가르

쳐야 한다. 그러면 아이들은 다른 사람이 자신과 전혀 다른 동기를 가질 수도 있음을 이해하게 된다. 또한 도덕적 규범(때리지 않기)과 자신의 충동(때리고 싶은 마음)을 연결지어 생각하며 이에 따라 행동(자제하고 일단 물어보기)하는 수준에 이른다.

강한 충동을 억제하는 일은 두뇌가 지닌 절묘한 능력 중 하나로 오랫동안 훈련해야만 한다. 심신의 컨디션이 좋고 충분한 숙면을 취하며 내면에 긴장감이 적은 아이라면, 대개 여섯 살에서 여덟 살 무렵에 이를 능숙하게 해낸다. 하지만 스트레스 상황에 지속적으로 노출된 아이는 자신이 속한 문화의 가치에 알맞게 행동하도록('때리지 않기', '소리치지 않기', '물건 내던지지 않기' 등) 이성과 판단력, 도덕 감각이 갖춰지기까지 약 1년 정도가 더 걸린다. 결국 사춘기가 되면 아이들은 자신의 스트레스를 내면의 과정(호흡하기, 마음 가라앉히기)을 통해 노련하게 다루고 극복하는 상태에 다다르게 된다.

아이들이 추상적인 문화 개념들을 학습하기까지는 보다 오랜 시간이 걸린다. 대청소 작업을 현명하게 나누어 배치하고, 대기 줄에서 참을성 있게 기다리는 능력은 우리 어른들도 중년을 넘어서까지 꾸준히 노력해야 간신히 갖출 수 있다.

부모는 이런 여러 능력을 아이들이 학습하도록 도울 수 있다. 이해하기 쉽게 설명하고, 함께 연습하며, 직접 본을 보이면 얼마든지 가능하다.

이 모든 것에서 특히 중요한 한 가지가 있다.
아이가 대체로 언제 부모 말에 귀를 기울이고,
또 어떤 때 그러지 못하는지
주의 깊게 살피면서 가르쳐야 한다는 것이다.

적당한 타이밍에 교육하기

나는 아이들이 나와 이야기를 하고 싶어 할 때면 종종 이렇게 말한다.

"아, 지금은 좀 곤란한데. 엄마가 일을 하고 있거든. 귀를 활짝 열고 네 이야기를 듣고 싶은데 지금은 그럴 수가 없어. 지금 하고 싶은 그 이야기, 우리 5분 뒤에 하면 어떨까? 엄마가 생각을 얼른 정리해서 글을 마무리한 다음에 집중해서 들을게."

이와 마찬가지로, 아이들도 상황이 여의치 않으면 우리와 제대로 이야기를 나눌 수 없다. 아무 때나 아이를 붙잡고 강의를 할 수는 없다. 무턱대고 길고 복잡한 연설을 늘어놓아봐야 아이는 무슨 일이 있어도 레고 자동차를 끝까지 조립해야 하며, 친구들 앞에서 바보 꼴이 되고 싶지 않으며, 문득 눈물이 나거나 화가 치밀거나 완전히 이성을 잃어버리기도 한다.

그러므로 우리는 아이와 이야기를 나눌 수 있는 적절한 순간이 언제인지 주의를 기울이며 때를 살펴야 한다.

> » 다급히 전달해야 하는 사항이라면, 지금 아이가 우리의 말을 귀담아들을 수 있는지 직접 물어보자.
> » 장황한 대화는 아이가 놀이를 마칠 때까지 미루자. 혹은 5분 뒤에 잠시 놀이를 쉬자고 미리 약속을 하자.
> » 시선을 맞추고 아이가 완전히 집중한 다음에 말을 꺼내자.
> » 다른 사람들 앞에서, 특히 아이의 친구들이 보는 앞에서 추궁하고 설명하는 일은 절대적으로 피하자.
> » 위험한 행동은 즉시 중단시키자. 그 외의 다른 행동은 조용한 순간에 따로 이야기하자.
> » 아이가 짜증을 내거나 화가 나서 날뛰고 있다면, 뭔가를 설명하려 하지 말고 진정할 때까지 늘(!) 기다리자. 일단 가라앉고 나면 함께 해결책을 찾을 수 있는 기회가 생긴다. 그때 가서 가르쳐도 늦지 않다.

규칙을 가능한 한 효과적으로 전달하고 소통하려면, 언제 어디에서나 아이와 눈높이를 맞추려고 노력해야 한다. 나이가 적은 어린아이의 경우에는 실제로 무릎을 굽히거나 아이와 같이 바닥에 앉으면서 눈높이를 맞추면 된다. 큰 아이를 대할 때는 표현에 더더욱 주의를 기울이자. 수치심을 가하거나 상명하복

식으로 가르치는 대화는 피해야 한다. 우리 자신과 동일하게 존엄하고 존중받아 마땅한 하나의 인간으로 아이를 대하며 이야기를 나누자. 그러면 아이 마음에 깊숙이 다가가서, 우리가 원하는 규칙을 분명히 전달하고 끝내 따르도록 만들 수 있다.

19 DAY
경청하게 만들려면
어떻게 말해야 할까

"벌써 수천 번은 말했잖아!"

이런 말투로 아이에게 규칙을 지키라고 집요하게 요구하면, 머지않아 아이들은 듣는 척도 하지 않게 된다. 나중에 아이가 눈 하나 깜짝 않고 우리 말을 흘려듣더라도 놀랄 일이 아니다. 원인은 우리 말에 있으니까. 지적하고 다그치며 아이 마음의 문을 닫는 표현을 하나씩 바꿔보자.

≫ "또 이러네. 너 그렇게 게을러터져서 어떡할래!"

거친 말로 질타하는 대신, 눈에 보이는 것만 말하자.

"어제 저녁에 입은 옷이 아직 여기저기에 널려 있네."

아이가 반응을 하지 않으면 뒤이어 구체적인 요구 사항을 덧붙여도 좋다.

"나는 이 공간이 좀 깔끔해 보였으면 좋겠어. 사람들이 자주 드나드는 곳이니까, 들어왔을 때 잘 정돈되어 보이면 좋잖아. 이따가 손님들 오면 네 옷가지들은 좀 치워줘. 부탁할게."

》 "내가 언제까지 이런 걸 일일이 챙겨줘야 하니?"
아이의 행동이 어떤 결과를 가져오는지를 자세히 알려주자.
"가방을 현관 밖에 그냥 던져두고 가면 비가 오면 흠뻑 젖어버릴 거야. 그러면 책도 다 망가지겠지?"

》 "제발 마트에서 그만 좀 뛰어다녀!"
화내지 말고 아이에게 대안을 제시하자.
"우리 레몬이 필요한데, 예쁜 레몬 다섯 개만 골라 올래?"

》 "절대 도와주는 법이 없지……"
잔소리 대신 어떤 도움을 원하는지 말하자.
"지금 네가 접시 네 개랑 유리잔 네 개를 식탁에 놓아주면, 우리가 조금 더 일찍 밥을 먹을 수 있겠지? 그럼 정말 큰 도움이 될 것 같아."

》 "흘리지 좀 마!"
우리가 원하는 것과 원치 않는 것이 무엇인지 말하자.

"그렇게 먹으면 소스가 바지 위로 떨어지잖아. 흘리지 않게 접시 위에서만 먹었으면 좋겠어."

>> "당장 이 바지 입어. 그리고 이제 그만 보채!"

원하는 결과만 얘기하지 말고 아이에게 선택지를 주자.
"바지도 안 입고 밖으로 나갈 수는 없잖아. 그러니까 하나 골라보자. 어떤 바지 입고 싶어? 파란색? 아니면 빨간색?"

원하는 바를 분명하게 전달하자

여기에서 제일 중요한 기본 원칙은 부모가 자녀에게 일반적인 규칙이 아닌, 개인적인 정보를 항상 주어야 한다는 것이다. 이를테면 "그렇게 시끄럽게 소리치는 거 아니야" 대신 "내 귀에 너무 시끄러운데"라고 알려야 한다.

더불어 우리만의 규칙이나 필요 또는 욕구를 그때그때 누차 상기시켜야 한다.

"얘들아, 장난감은 식탁 위에 올리지 않기로 했지? 우리가 같이 약속한 규칙이잖아. 나한테는 특히 중요한 규칙이니까 꼭 지켜줘."

아이들은 추상적인 규칙보다, 이를 바라는 사람의 진심을 이해할 때 훨씬 잘 경청한다.

'3인칭'에서 '나'와 '너'로

"손으로 집어 먹는 사람은 없어!" 같은 지적으로는 아이들의 변화를 이끌어내기 어렵다. 따라서 다음과 같은 식으로 말하는 편이 낫다.

"나는 네가 손으로 집어 먹는 걸 원하지 않아. 그런 행동은 별로 마음에 안 들어."

"나는 네가 손으로 집어 먹는 걸 원하지 않아. 그러고 나서 얼른 바지에 닦아버리곤 하잖아."

우리의 진의와 동기를 객관적이라 '생각되는' 3인칭 뒤에 숨겨 전달하지 말자. 그러는 대신 1인칭인 '나'를 주어로 하여 요구 사항을 말하자.

"나는, 그걸, 원하지, 않아."

이렇게 아주 또렷하고 확실하게 우리의 입장을 표명해야 한다. 아이들 또한 당연히 그래야 한다. 훗날 아이들이 인생을 살아가면서, 자신이 정말 무엇을 원하고 또 원치 않는지 말할 수 있도록 우리가 발판을 마련해야 한다.

집안일을 돕는 문제와 관련된 갈등에서는 아이들에게 이런 식으로 묻는 것이 도움이 된다.

"너 지금 뭐가 필요하니?"

학교나 유치원 숙제를 두고 갈등이 벌어질 때도 마찬가지다.

"지금 네가 숙제를 하려면 어떤 게 필요한 것 같아?"

그러면 아이가 그저 배가 고프거나 피곤하며, 또는 무언가를 이해하지 못했거나 지금 무엇을 해야 하는지(아니면 왜 해야 하는지) 전혀 모른다는 사실을 알게 된다. 그다음은 아이 말대로 도와주면 된다. 대부분은 10분 내로 처리 가능한 일일 것이다.

우리가 원하는 것과 원하지 않는 것

아이들에게 지시할 때는 그 표현이 명확해야 한다. "지금 가야 할 것 같아"라거나 "우리 지금 가는 게 어때?" 같은 표현은 불분명하다. 정말 가고 싶으면 "나 지금 갈래" 아니면 조금 더 분명하게 "우리 지금 집에 가자" 같은 표현이 더 낫다. 나는 평소에 아이들에게 "……했으면 좋겠는데", "……하고 싶은데", "……하면 좋을 것 같은데" 같은 애매한 화법으로 말하지 않는다. "나는 ……를 원해", "……를 할 거야", "……를 원하지 않아"라고 단순 명료하게 내 뜻을 전한다. 내가 만약 "아니. 지금은 더 이상 책을 읽어줄 수 없을 것 같아"라고 말하면, 내가 왜 할 수 없는지 줄 줄이 근거를 대며 끝없는 설전에 들어가야 한다. 이와 달리 "나는 지금 더 이상 책을 읽어주지 않을 거야. 너무 피곤하거든"이라 말하면 상황은 명료해지고 아무도 토를 달지 않는다. 아이들은 이러한 참된, 순수한, 믿음이 가는 표현에 더욱 잘 반응한다.

아이가 요구를 거절할 때

내가 만일 아이에게 "우리 지금 집으로 갈까? 어때?"라고 묻는다면, 우리가 지금 집으로 갈지 말지 아이에게 판단을 맡기게 된다. 그러므로 반드시 집에 가야 한다면, 즉 '아니'가 선택지에 없는 상황이라면 이런 질문은 건네지 않는 편이 낫다. 대신 이런 식으로 말한다.

"우리 5분 뒤에 집으로 가자. 5분 지나면 알려줄게."

그리고 5분 후에 "자, 이제 가자"라고 단호하게 말한다.

이럴 때 아이가 단박에 묵살해버리기도 한다.

"싫어! 안 가!"

그러면 우리는 말한다.

"그래도 안 돼, 가야 해!"

아이는 바로 이렇게 되받는다.

"싫어!"

우리는 같은 말을 반복한다.

"그래도 가야 돼!"

그러면서 아주 짧은 시간 동안 긴장은 고조된다.

'아니'나 '안 돼' 같은 거절의 표현은 단 한 번만 쓰는 것이 훨씬 현명하다. 아이가 '그래도'라고 말하며 초콜릿을 사겠다고, 만화를 계속 보겠다고 고집하면 더 이상 '아니'라는 말을 반복하지 말자. 정보는 이미 들어왔다. 그리고 우리는 아이가 무엇을 원하는지 안다. 이럴 때는 거절의 표현 대신 '네 말을 충분히 이해했다'는 표현을 해주는 게 좋다.

"그래, 네 말 듣고 있어."

몸과 마음의 컨디션이 좋다면 공감의 표현을 덧붙일 수도 있다.

"그래, 네 말 듣고 있어. 더 놀고 싶구나. 지금 막 신나게 놀고 있었는데 너무 아쉽겠다. 그 마음 나도 충분히 이해해."

그런 다음 가고자 하는 방향으로 계속해서 가면 된다.

"여기 있는 외투는 내가 가져갈게. 내가 집에 갈 때까지 너는 여기에서 더 놀아."

그러면서 아이의 외투를 들고 천천히 걸어가자.

"그래도 난 여기에 있을 거야. 우리 지금 한창 재미있게 놀고 있단 말이야!"

아이는 투덜거릴 것이다.

"그래, 알아. 나도 보고 있어. 흠, 생각을 좀 해보자……. 여기에서 빌려갈 수 있는 장난감이 있는지 한번 물어볼까? 그러면 집으로 가는 발걸음이 조금 가벼워질까? 네 생각은 어때?"

보통 아이들은 우리가 그들의 편에 서서 기꺼이 들어주면 굉장히 협조적으로 나온다. 그리고 가끔은, 아이들이 어떤 심정인지 이해한다고만 말해도 충분할 때가 있다.

인간은 자기 뜻을 무조건 관철하려 하지 않는다.
때로는 타인이 그저 이해해주고 공감해주기만을 원한다.

아이들이 집안일 돕기를 학습하는 방법

아이들에게 집안일을 돕도록 가르치다 보면 다툼과 불화가 빈번하게 생기곤 한다. 여기서 우리는 제일 먼저, 현재 아이가 무엇을 얼마나 해낼 수 있는 상태인지 고려해야 한다. 일반적으로 학교에 들어가기 전 단계의 아이들은 집안일에서 부수적으로 발생하는 일들을 멀리 내다볼 수도, 제대로 파악할 수도 없기 때문이다. 하지만 소소한 임무는 나이에 따라 적당히 부여할 수 있다.

자녀가 집안일을 도와주길 원한다면, 아이에게 맡길 임무를 시간적으로 그리고 사실적으로 구체화하여 전달해야 한다. 말하자면 "식탁 좀 치워!"가 아니라 "접시랑 컵은 모두 식기세척기에 넣고 남은 음식은 냉장고에 넣어줄래?"라고 표현하는 것이다. 이 절차를 아이들이 이해할 때까지는 많은 시간과 연습이 필요하다.

여기에 더해 중요한 점이 하나 더 있다. (쓰레기 버리기처럼) 아무도 흔쾌히 하지 않으려는 일을 아이에게 맡기지는 말자. 대신 재미를 느낄 만한 임무를 주자. 예를 들어 스프레이 세정제로 욕실 세면대를 청소하는 일은 많은 아이가 무척 좋아한다. 우리가 직접 할 때보다 그리 완벽하지 않겠지만 있는 그대로 받아들여주자.

> 부모와 함께 집안일을 해결해나가는 과정을 통해
> 아이는 성취감과 자기 효능감을 느낀다.

"이따가 여기 있는 거 제대로 다 치워! 안 그러면 모조리 쓰레기통에 넣어버릴 거야!"

이런 식의 엄포는 늘 아무 의미 없이 끝나며, 최악의 경우에는 관계를 해치기만 한다. 이런 상황에서는 자기계발서에 흔히 나오는 솔루션을 적용하면 좋다. 즉 일을 처리하기 쉽게, 한눈에 들어오도록 명료하게, 시간 제한을 두어 여러 세트로 나누는 것이다.

방 청소가 절실할 때 보통 나는 이렇게 말한다.

"지금부터 나는 15분 동안 이 방을 정리하고 싶어. 더 오래 끌지는 않을 거야. 15분 안에 우리는 많은 걸 할 수 있어. 다들 준비됐지?"

그런 다음 세 단계로 나눠 방을 정리한다. 첫 번째 단계에서는 모든 책을 책장에 꽂아 넣는다. 두 번째 단계에서 여기저기에 널려 있는 옷가지들을 빨래 바구니나 옷장 또는 운동 가방에 제각각 넣는다. 그리고 마지막 단계로 한데 모인 쓰레기를 봉투나 쓰레기통에 담는다.

이런 식으로 어마어마하게 많다고 느껴지던 일을 생각보다 훨씬 짧은 시간 안에 해치울 수 있다. 이를 통해 아이들은 단순하고도 효과적인 일 처리 과정을 배운다.

기질별 대화 솔루션

내 아이는 어떤 말에 경청하는가

아이들은 각기 다른 기질과 성격을 갖고 있기 때문에, 우리는 항상 아이들에게서 눈을 떼지 않고 주의 깊게 관찰해야 한다. 모든 아이는 각기 다른 귀로 다른 입장에서 듣는다. 여기에서는 '듣는 사람'의 경청 방식이 가장 중요하며, 이에 따라 우리가 말하는 방식도 달라져야 한다.

>> '관계'에 초점을 맞춰 설명할 때 잘 듣는 아이
"네가 ······해주면 나에게 정말 큰 도움이 될 것 같아."

>> '사실'에 기반한 정보를 필요로 하는 아이
"싱크대에 들어가야 할 접시가 아직 세 개나 남아 있네."

>> 모든 일에 개입하며 '결정에 동참'하기를 원하는 아이
"내가 식탁 닦는 동안 그릇을 치울래, 아니면 네가 식탁을 닦을래?"

>> '동등한 위치'에 서서 말할 때 기꺼이 응하는 아이
"이리 와서 우리 이거 같이 하자. 끝나고 소파에 앉아서 수박주스 마실까?"

아이가 어떤 방식의 부탁을 가장 선호하는지는 부모만이 관찰할 수 있다. 단, 이 선호도는 아이가 성장함에 따라 달라질 수 있음도 고려해야 한다. 부모와 동등한 위치에서 취

급받기를 원하던 아이가 시간이 흘러 발달 단계의 전환을 거치며 사실 정보만 전달받기를 선호하는 아이로 자랄 수도 있다. 이는 지극히 정상이다.

이런 방식으로 부모가 먼저 다가가 아이의 상황과 입장을 깊숙이 이해하게 되면 수많은 문제를 대화로 해결해나가는 일이 점점 더 수월해진다!

---

20 DAY
믿고, 기다리고, 부드럽게 이해시키자

1960년대에 나온 한 부모 지침서에는, 가정 내 규칙을 세우는 방법론과 함께 비교적 진취적이고 실용적인 지시 사항들이 담겨 있다. 그 기본 원칙은 다음과 같다.

- **주의 집중:** 자녀의 얼굴 표정에 주의를 기울여라.
- **무조건적인 사랑:** 아이가 울면 달래주어라.
- **신중한 의사소통:** 조용히 그리고 다정하게 대화하라.

이 세 가지 기본 토대 위에, 우리는 무슨 규칙이든 각자 다르게 세울 수 있다. 그러나 '반대 논증'은 결코 성립될 수 없다. 다시 말해, 만약 우리가 자녀를 주의 깊게 살피지 않아 아이 상태가 굉장히 나쁘다는 걸 알아채지 못하고, 위로 대신 야단을 치며 고통이나 절망을 홀로 감당하도록 내버려두고, 아이에게 다정한 말 대신 큰 소리만 치기 일쑤라면, 가정 내에 규칙을 세우고 따르도록 만들기는 전혀 불가능한 일이 된다.

아이는 믿어주는 만큼 자란다

아이들이 해서는 안 되거나 혹은 반드시 해야만 하는 일들이 있다. 대략 세 살부터 아이들은 이를 부분적으로 이해하지만, 그럼에도 우리가 원하는 바를 항상 제대로 이행할 수는 없다. 모든 전문가 및 학자들은 입을 모아 말한다. 아이가 뜻대로 되지 않아 감정이 상하고 분노가 올라오더라도, 부모는 무조건 차분하게 머물러야 한다고 말이다. 부모의 과도한 반응은 지나치게 예민한 자녀를 만들어내기 때문이다.

밥상에서 유리컵을 넘어뜨리거나 아이가 물건을 잃어버렸다면 일단 침착함을 유지하며 아주 조용히 한마디를 건네자.

"그럴 수도 있지."

그런 다음 대안을 제시하자.

"쏟아진 물 좀 닦아줘."

"내일 학교 가서 다시 한 번 확인해봐."

이 같은 반응은 '인도주의적'인 동시에 지극히 실용적이다.

"그럴 수 있어"라는 말은 이렇게 해석될 수 있다.

'나는 네가 그럴 생각이 없었다는 걸 알아. 단지 실수로 그랬을 뿐이지. 사람은 모두 실수도 하고 잘못도 저지르곤 해. 그걸로 기분 나쁘게 생각하거나 너에게 화를 내지는 않을 거야. 중요한 건 내가 너를 믿는다는 거야. 네가 평생 그런 실수를 계속 저지르지는 않을 거라는 걸 나는 확실히 믿어.'

이런 접근은 굉장히 중요하다. 이따금 부모들은 아이를 가볍게 생각하곤 한다.

'에이, 그런다고 아이들이 뭐가 어떻게 달라지겠어.'

하지만 달라진다. 분명히. 그리고 우리는 이를 아이들에게 전해야 한다. 그럴 수 있다고, 나중에는 꼭 달라질 거라고.

당신의 아이는 선하다

자녀의 선한 본질에 대한 믿음은 아이의 정서 발달에 굉장한 영향을 미친다. 부모가 "다 잘될 거야, 너는 참 좋은 아이야" 같은 태도로 일관하며 자신을 대한다는 걸 느끼는 아이는, "이 녀석은 정말 고집불통이야" 같은 말을 끊임없이 들은 아이와 전혀 다른 자아상을 형성하게 된다.

하지만 부모들은 그걸 알아도 어쩔 수 없이 자꾸 걱정하며 마음을 졸인다. 나의 경우, 언제나 한결같이 아이들을 긍정적으로 바라보는 친구를 보며 배우고 닮으려 노력한다.

그녀는 우리 집에 올 때마다 이렇게 외친다.

"이 집 아이들은 어쩜 이렇게 밝고 사랑스러워? 사람을 홀리는 매력이 있다니까!"

그러면서 이 매력적인 두 존재를 매번 새로운 시선으로 바라보도록 내 눈을 열어준다(때때로 내 멘탈을 바스락거리게 만드는 존재들이지만, 이 또한 지극히 정상임을 받아들이게 해준다.)

"그럴 수 있어" 같은 수용적인 말은 아이뿐 아니라 어른들에게도 아주 이롭다. 우리 역시 이따금 어리석은 일을 저지르고는 누군가가 "뭐, 그럴 수도 있지"라고 말해주면 안심이 되지 않는가.

위험하거나 원치 않는 행동에 대한 반응

아이들이 생명에 위협이 될 만큼 위험한 행동을 하면, 그 즉시 중단하게 하되 가능한 한 침착하고도 단호하게 반응해야 한다. 도로를 가로질러 달리는 행동은 허용의 여지가 없으며 그 즉시 자리에 멈춰 세워야 한다. 창문틀에 올라간 아이는 바로 들어다가 다시 내려놓고, 가스레인지에 손을 대면 곧바로 저지하고, 자동차 열쇠는 아이가 가져가는 즉시 뺏어와야 한다. 단 야단법석을 떨며 과도한 반응을 보이지는 말고 행동만 조금 더 크게 하는 편이 낫다. 세 살짜리 아이가 도로를 마구 가로질러 건널 때마다 커다란 어른이 완전히 당황하여 쩔쩔매면 그 조그마한 몸과 마음에 가해지는 긴장감은 얼마나 크겠는가.

"그만!", "멈춰!"라고 말했다면 왜 그만둬야 하는지 간단하게 설명을 덧붙여야 한다. 같은 상황이 반복해서 벌어졌다면, 심각하게 위험한 행동이 아닌 한('머리 잡아당기기', '벽에 낙서하기' 등) "그럴 수 있다"라고 일단 말해주자. 크게 위험하지는 않지만 우리가 원치 않는 행동을 아이가 자꾸 한다면, 우선은 압박을 가하지 않는 것이 좋다.

"원한다면 네가 좋아하는 스웨터를 열흘 넘게 입고 다녀도 좋아. 하지만 지금처럼 내내 벌거벗은 채로 집 안을 돌아다닌다면, 아무래도 다시 기저귀를 차야겠는데."

이런 행동들은 무조건 못 하게 저지하는 대신, 일단은 허용하면서 원인이 어디에 있는지 우리 스스로 묻고 답을 찾아야 한다. 너무 억누르지 말고 자신과 아이에게 너그럽게 관용을 베풀어도 된다.

변화 유도 솔루션

보여주고, 기다려주고, 함께해주기

1. 시범 보이기

원하는 바를 말로 하지 말고 행동으로 보여주자. 아이가 식사 시간에 제때 와서 먹기를 바란다면, 집이 떠나가라 큰 소리로 다섯 번 넘게 부르지는 말자. 대신 아이에게 다가가 품에 안거나 손을 잡고 식탁으로 데려가자. 아이와 눈높이를 맞추고 눈을 마주치며 한껏 다정하게 다가가자. 아이가 초인종을 난폭하게 누른다면, 현관으로 가서 별다른 말 없이 웃으며 우리가 원하는 대로 초인종을 눌러 보이자. 아이가 어른에게 무언가를 받고 나서 아무 말도 하지 않는다면 "이럴 때 뭐라고 하라고 했지?" 다그치며 민망하게 만들지 말고 온화한 목소리로 "고맙습니다!" 하고 말하며 애정을 담아 아이의 몸을 다독이자. 그러면 용기가 생기자마자 혼자 힘으로 "고맙습니다!"라고 말할 것이다. 아이가 어떻게 행동하기를 원한다면, 아이를 온화하게 품어주며 그 행동을 몸소 보여주자. 이는 수천 마디 말보다 훨씬 큰 효과가 있다.

2. 기다리기

올바른 행실(차분히 초인종 누르기 또는 바른 식사 예절 등)을 모범으로 보인 다음에는 아이들이 받아들이고 따라하는지 일단 기다려본다. 아이들은 상상 이상으로 부모를 많이 모방한다. 약간의 인내심만 있으면 된다. 간혹 아이에게 세 번 정도 본을 보이고 나면 그대로 따라할 거라 기대하는 부모가 있다. 하지만 보통 아이가 변화하는 데는 이보다 긴 시간이 필요하다. 평정심을 가지고 침착하게 연습을 거듭해야 한다.

3. 함께 연습하기

아이가 우리의 본보기를 좀처럼 따라하지 않거나 아예 이해하지 못한다면, 혹은 이해력이 더 필요한 상황이라고 느껴진다면 아이와 함께 연습을 해보자. 이런 경우에는 우리가 지금부터 뭔가 새로운 것을 같이 배우려 한다고 아이에게 예고하며 본격적으로 시작하는 편이 낫다. 예컨대 '오늘은 여왕이 커다란 식탁에서 사람들과 밥을 어떻게 먹는지 생각해보자'라고 제안하는 것이다. 왕실에서 식사를 할 때 무엇이 반드시 필요한지, 어떤 규칙과 예절이 있는지 등을 묻고 답하고 상의하면서 여왕처럼 밥 먹는 연습을 함께해본다. 수저나 포크를 잘못 사용하면 뭐라고 나무라도 된다.

일종의 '왕실처럼 식사하기' 놀이에서 규칙을 어겼기 때문이다. 이 같은 방식으로 아이들은 세상을 살아가는 데 필요한 여러 가지를 긴장감 없이 유쾌하게 배울 수 있다.

문제 해결에 도움이 될 만한 질문들

만일 가정 내에 풀리지 않는 문제가 하나 있다면 항상 다음과 같이 생각해야 한다. 부모인 우리가 보지 못하는 면이 있고, 아이가 보지 못하는 면이 있고, 자녀와 부모 모두 보지 못하는 면이 있다고 말이다. 이런 생각을 바탕으로 갈등의 핵심, 문제의 본질에 가까이 다가가게 만드는 일련의 질문들을 던지면 도움이 될 수 있다.

>> **무슨 일이 벌어졌는가**

누구에게 문제가 있는가? 부모의 문제인가, 아이가 자꾸 힘들게 하는가, 아니면 이웃이 우리 가정을 뒤흔드는가? 생명을 위협할 수준인가, 조금 짜증이 나는 정도인가, 아니면 그저 유치하고 사소한 문제인가?

>> **얼마나 중대한가**

상황을 변화시키기 위해 문제를 직시하고 에너지를 소모할 준비가 되어 있는가? 바꿔야 한다는 확신이 있는가? 지금 당장 캐내고 밝혀내야 할 만큼 불가피한 문제인가? 갈등을 풀어낼 다른 길은 없는가? 혹시 오늘 저녁 조용하게 대화를 나누며 풀 수도 있는 문제는 아닌가?

>> **어떤 식으로 공동의 해결책을 찾을 것인가**

해결책을 찾는 과정에 아이를 어떻게 동참시킬 수 있을까? 자기만의 의견을 제시하며 해결 과정에 동참하는 협조적인 아이로 키우려면 어떻게 해야 할까? 아이와 동등한 위치에서 의사소통을 하며, 우리의 바람과 부탁을 효과적으로 전달하려면 어떻게 해야 좋을까?

내면의 상태 이해해주기

아이가 본인의 감정이 무엇인지도 모르고 다짜고짜 부모에게 화를 표출한다면, 자신의 현재 심리 상태를 파악하고 깨닫도록 도와줄 필요가 있다.

"네가 집 생각을 하면 뱃속에서 뭔가 꿈틀거리면서 당기잖아? 나도 할머니, 할아버지가 있는 고향을 생각하면 그런 느낌이 들거든. 그게 뭘까? 네 안에서 무슨 신호를 보내는 걸까?"

"네가 어제 화내며 소리칠 때, 배가 엄청나게 고팠잖아? 오늘도 어제랑 비슷한 느낌이야?"

하지만 대부분의 경우 아이들은 우리보다 인내심이 훨씬 부족하므로 주의가 필요하다. 참을성이 바닥나면 더 이상의 질문을 거부하며 다시 떼를 쓸지도 모른다. 그렇다 해도 장기적으로 이 방법은 분명 효과가 있다.

가정 내의 변화 관리

식사 후 가족이 그릇을 그대로 두고 거실이나 방으로 들어가면 우리가 다 치운다. 모두가 자기 옷가지를 아무 데나 늘어놓으면 우리가 다 주워 모은다. 그러고 나면 슬슬 불쾌해지기 시작한다. 이런 장면은 우리 일상에서 적잖이 등장한다.

만약 당신이 집 안에서 아주 근본적인 것들을 바꾸고 싶다면, 무조건 한순간에 결정하거나 바꾸려 들지 말고 단계별로 하나씩 변화를 유도해보자.

>> 먼저 무엇을 바꾸고 싶은지 간단히 정리해보자. 비난이나 분

노의 감정이 아닌 객관적인 정보를 바탕으로, 우리에게 무엇이 중요하고 참을 수 있는 경계선이 어디까지인지 등을 정리한다. 그리고 이를 '공식화'하자.

"모두가 차 안에서 아무거나 먹으면 우리 차는 종종 돼지우리가 되곤 해. 그런데 개인적으로 나는 깨끗한 차를 좋아해. 나한테는 청결이 아주 중요하거든. 그러니까 우리 다 같이 다른 해법을 찾았으면 좋겠어."

» 이어서 가족에게, 우리가 지금 변화의 단계에 진입하고 있다고 설명하자. 이를테면 가족의 일상을 새로이 '디자인'하는 공간에 들어왔다고 말이다.

"나는 이 문제를 바꾸고 싶어. 물론 혼자 마음대로 바꿀 생각은 없어. 여기에 대한 너희들의 의견과 제안을 듣고 싶어."

» 그런 다음에는 당연히 '시험' 과정에 들어가야 한다. 새로운 변화가 우리 가족에게 잘 맞는지, 갈등을 끝낼 수 있는지 확인해보는 것이다.

"안 되겠어. 이런저런 시도를 다 해봤는데, 시트가 얼룩으로 완전히 더러워졌어. 이런 상태로 차를 몰고 싶지는 않아. 그러니까 앞으로 아이스크림은 밖에서 먹기로 하자. 이제 차 안에서 아이스크림은 안 돼."

Key Point

- 우리는 언제든지 아이의 생각을 물을 수 있으며, 아이에게 제안이나 건의를 요청할 수 있다. 부모가 자녀를 진지하게 대하면 아이 또한 부모를 진지하게 여긴다. 단, 건강과 안전에 관한 문제만큼은 부모가 최종적으로 결정을 내리도록 하자.
- 아이들은 긍정이 가득한 'Yes 모드'에 머물러야 우리 말에 제대로 귀 기울일 수 있다.
- 학교에 들어가기 전 단계의 아이들은 아직 충동을 억제하기가 어렵다. 억눌러야 한다는 걸 알더라도 쉽게 통제하지 못한다.
- 아이들이 우리의 말을 귀담아듣길 원한다면, 차분한 순간에 눈높이를 맞추고 모든 주의 집중을 쏟으며 원하는 바를 전달하고 청해야 한다.
- 규칙을 전하는 방법은 아이의 기질과 상황에 따라 다르지만, 무엇보다 인간적으로 그리고 아이에 대한 신뢰를 담아 이야기하는 게 최선이다. 더불어 모든 과정에서 아이가 배제되지 않도록 결정에 관여할 수 있는 기회를 주자.
- '아니'라는 대답을 허용할 수 없는 경우에는 아예 질문을 건네지 말자.
- 가능한 한 설전은 피하며, 아이에게 공감하고 있음을 말로 표현하자("그래, 네 말 듣고 있어").

- 경계가 명확한 임무가 주어지고 우리가 모범 사례를 보여주면, 아이들은 집안일을 돕는 법을 쉽게 배운다.
- "그럴 수 있어"라는 표현은 일상을 침착하고 평화롭게 보낼 수 있도록 도와준다.
- 아이가 규칙을 익히게 하려면 먼저 시범을 보이고 따라 하는지 기다려본 다음, 필요에 따라 아이와 함께 연습을 시도해본다. 시간이 조금 걸리더라도 언젠가는 개선된다.
- 가정 내에서 무언가를 바꾸고 싶다면, 권위적인 결정 대신 가족 모두와 공동으로 변화의 단계를 차근차근 밟아야 한다.

에필로그

21 DAY
충분히 만끽하고, 다음을 도모하자!

21일간의 도전을 드디어 해냈는가? 어쩌면 당신은 네 번 정도 넘어지고 다시 일어나 처음부터 시작한 끝에 이 과정을 마쳤을지도 모른다. 그렇다면 더욱더 대단하다! 도전을 완수했다면 마음껏 스스로를 축하해주자! 성공적으로 마친 도전을 자축하며 즐기는 방법은 무척이나 다양하다. 추천할 만한 몇 가지를 여기에 소개한다.

>> 따뜻한 마실 거리를 하나 골라 준비하여, 아늑한 자리에 앉아 편안히 등을 기대어보자. 그리고 당신이 이루어낸 성과를 한껏 만끽하자. 수첩을 꺼내 지금 이 순간 감사한 것들을 써 내려가면서, 온몸의 감각 하나하나를 깨워보자. 얼마나 밝고 따뜻하며 좋은 느낌인지 고스란히 느끼자. 무엇에도 얽매이지 말고 흘러가는

대로 내버려두자. 당신은 실로 경이로운 일을 해냈다. 당신의 인생은 이제 당신의 손안에 있다! 자기 삶을 스스로 통제할 수 있는 인간이라는 뜻이다.

당신이 이 감정에 흠뻑 젖으면
당신의 두뇌에는 이 궤도가 보다 강렬하게 새겨진다.
이는 또 하나의 놀라운 기회가 된다!

» 당신의 아이를 가만히 바라보자. 강하고 지혜롭고 사랑스럽고 기적과도 같은 조그마한 존재를 바라보며 마음껏 감탄사를 날려보자. 당신이 그 아이를 만들어냈고, 강인하고 자신감 넘치는 존재로 키워냈다. 이를 깊이 감사하며 당신이 실제로 이루어낸 확실하고 선명한 결과물을 뿌듯하게 바라보자. 사랑과 감사를 느끼며, 동시에 당신이 성취한 일에 대한 자부심을 만끽하자.

» 주변 사람과 당신의 성과를 자축할 방법을 찾아보자. 물심양면으로 도움을 준 조력자나 배우자 또는 친구들에게 전화를 걸어 저녁 식사에 초대하자. 외식을 하거나 함께 공원으로 소풍을 나가도 좋다. 지난날을 돌아보며 특별히 언제 힘들었는지, 언제 특히 도움이 되었는지, 무엇이 얼마나 어떻게 고마운지 등을 털어놓으며 회포를 풀자. 직접 얼굴을 보고 감사를 표하고 함께 축하를 나누자.

>> 호흡을 하자! 자리를 잡고 앉아서, 숨을 들이쉬고 내쉴 때마다 감사함을 가득 담아 깊이, 그리고 의식적으로 호흡하자. 숨을 내쉬면서, 당신이 뭔가 중요한 것을 해냈다는 긍정적인 기운을 공간 안에 불어넣자. 당신의 몸에 귀를 기울이며 숨을 들이쉬면서, 성취와 자부심 그리고 감사함과 삶에 대한 새로운 마음가짐을 몸 안에 불어넣자. 그러면 두뇌의 주요 영역에서 연결망이 형성되어, 당신이 또 다른 커다란 일을 해내도록 도울 것이다.

>> 당신을 기분 좋게 만들고 긴장을 풀어주며 활력을 북돋는 무언가를 스스로에게 기꺼이 베풀자. 건강에 이로운 마사지나 사우나도 괜찮고, 유튜브로 마음 챙김 명상 수업을 찾거나 튼튼한 명상 방석을 사도 좋다. 아니면 하루 정도는 혼자만의 시간을 가져보자. 누구의 방해도 없이 홀로 여유롭게 노을을 바라볼 수 있는, 한가로운 저녁을 스스로에게 허락하자.

>> 당신보다 더 힘든 육아 환경에 놓인 사람과 함께 축하의 시간을 보내자. 당신에게 축하의 의미가 될 만한 것이라면 무엇이든 관계없다. 집 안에 촛불을 밝히며 우아한 한 끼를 같이 차려 먹어도 되고, 가까운 공원을 산책하거나 영화를 봐도 좋다. 또는 눈에 띄게 예쁜 식탁보를 구입하여 나눠 갖는 것도 괜찮다. 두 사람에게 즐거움을 주는 일이라면 무엇이든 같이 해보자. 그러면서 당신이 무엇을 이루었는지 이야기해주자. 상대방도 변화를 시도해볼 수 있도록, 당신의 경험을 충분히 들려주자.

성취를 가시적으로 드러내기

도전을 성공적으로 해냈다면 기록으로 남기자! 당신의 두뇌가 계속해서 긍정적인 궤도를 그릴 수 있도록, 21일간 함께한 수첩에 맺는말을 적어보자. 예컨대 다음과 같은 질문에 답을 하면서 말이다.

- » 지난 3주 동안 무엇이 가장 즐거웠는가?
- » 무엇이 특별히 힘들었는가?
- » 나의 장점들 가운데 앞으로 더욱 발전시킬 부분은 무엇이며, 어떤 장점이 특히 도움이 되었는가? 그런 확신이 들었던 순간은 언제인가?
- » 나는 어떻게 수많은 내적 저항을 극복했으며, 이 과정에서 누구 혹은 어떤 시도가 나를 도왔는가?

21일 동안 많은 걸 기록했다면 낡은 수첩은 이제 책장에 꽂아두고, 새 수첩을 마련하여 새로운 단계로 나아갈 차례다. 3주 동안 쓴 수첩은 당신이 이미 한 단계를 해냈다는 증거다. 그러니 메달처럼 고이 간직하자.

세상으로 나가자!

이제, 한껏 모인 에너지를 활용하여, 다음 목표 대상을 정하고 계획을 세워보자. 어떤 루틴을 설정하면 좋을까? 하나를 이루었으니 그다음은 훨씬 더 수월해질 것이다! 적극적으로 다음 목표를 물색해보자.

이에 더해 당신의 성취를 이야기해줄 부모들을 찾아보자. 그들을 만나 무엇을 어떻게 이루었는지, 그 이후 가정에 어떤 변화가 생겼는지 구체적으로 설명해주자. 이미 한 번의 도전을 성공해낸 선배로서 '당신도 해낼 수 있다'고 용기를 북돋아주자. 이것은 당신의 가족과 아이를 지키는 데서 나아가 세상을 바꾸는 길이다. 우리 부모들은 내일의 어른을 길러내고 있다. 미래는 우리의 두 손에 달린 것이다.

아이들이 당신의 말을 듣지 않는다고 걱정하지 말고
아이들이 항상 당신을 지켜보고 있다는 것을 걱정하라.

_로버트 풀검 Robert Fulghum

아이가 내 맘 같지 않아도
꾸짖지 않는 육아

초판 1쇄 발행 2021년 2월 10일 **초판 2쇄 발행** 2021년 3월 2일

지은이 니콜라 슈미트 **옮긴이** 장윤경
펴낸이 연준혁 이승현

편집 1본부 본부장 배민수
편집 1부서 부서장 한수미
책임편집 곽지희
디자인 윤정아

펴낸곳 ㈜위즈덤하우스 **출판등록** 2000년 5월 23일 제13-1071호
주소 경기도 고양시 일산동구 정발산로 43-20 센트럴프라자 6층
전화 031)936-4000 **팩스** 031)903-3893 **홈페이지** www.wisdomhouse.co.kr

ISBN 979-11-91308-97-6 13590

* 이 책의 전부 또는 일부 내용을 재사용하려면 반드시 사전에 저작권자와
 ㈜위즈덤하우스의 동의를 받아야 합니다.
* 인쇄·제작 및 유통상의 파본 도서는 구입하신 서점에서 바꿔드립니다.
* 책값은 뒤표지에 있습니다.